島耕作に知る
「いい人」をやめる男の成功哲学

弘兼憲史

講談社+α文庫

プロローグ——「いい人」を目指すから人生に退屈する

ぼくの大好きな映画に『第三の男』がある。名前ぐらいは知っているだろう。でも観たことはないかもしれない。キミが20代だとすれば、キミの父親がやっと生まれたか、まだ幼かったころにつくられた古いイギリス映画だ。

漫画家としてのぼくが、自分の作品にもっとも影響を与えた映画をただ一本だけ挙げろと言われれば、まず間違いなくこの映画になる。それぐらい好きな映画だ。

『第三の男』に、あまりにも有名なセリフが登場する。オーソン・ウェルズ扮《ふん》する主人公が友人に話した辛辣《しんらつ》な言葉だった。ストーリーもシーンも省《はぶ》いて抜き書きしてみよう。

「ボルジア家の圧制はルネサンスを生んだが、スイス500年の平和は何を生んだか？　鳩時計だけだ」

国家と個人は違う。

それぐらいの原則はぼくにもわかっている。イタリアの歴史を褒《ほ》め、スイスの歴史をけなすつもりもない。でも、このセリフを個人にあてはめればこうなる。

「怒りを忘れるな。いい人になったって、人生は退屈なだけだ」

誤解を恐れずに書いたほうがいいだろう。「いい人」をどんなに積み重ねたとしても、「いい人」のままでしかない。「いい人」は誰にも嫌われないかもしれないが、それは「鳩時計」が嫌われないという程度の意味だ。

あんなものを自分の部屋に欲しがる人間はいない。世の中のどこかに鳩時計のたくさん飾ってある部屋があったとしても、ぼくは近寄りたくない。気持ち悪いじゃないか。

川端康成《かわばたやすなり》は『伊豆の踊子』の中で「いい人はいいね」というセリフを書いた。踊り子が主人公を評してポツンと言う。これも名文句だった。だけど主人公は何をしたか。何もしない。あそこはだから、「いい人はどうでもいいね」で良かったんじゃないか。

青春文学の傑作をこんなふうにけなしたらたちまちどやされそうだが、「いい人」に対してぼくが持つイメージには何より歯がゆさがある。つき合いきれない退屈さがある。それだけを言いたくてここまで書いてみた。

生きるということは、明快でありたい。

たとえ大波にさらわれて奈落《ならく》に突き落とされ、敗北感にうちひしがれたとしても、つぎの瞬間には昂然《こうぜん》と立ち上がって歩き出す。自分を小さくまとめて状況に埋《う》もれさせない。切っ先鋭く現実に向き合い、倒されたらそのときのことと割り切る。

何より恐れるものは、自分の中の気弱さ、あきらめ、取り繕《つくろ》いと言い聞かせる。うんとわかりやすく言うなら、突き上げてくるものに従う。笑って自分をごまかさない。

これだけのことができれば、まず間違いなく明快な人生を送れる。浮き沈みの激しい波瀾万丈《はらんばんじよう》な人生になるかもしれないが、少なくとも曖昧《あいまい》で退屈な人生だけは送らずにすむ。

そしてほとんどの人が、心の底でそんな人生を思い描いてみる。楽しいだろうなと空想する。

自分を取り巻くすべての世界が、鮮《あざ》やかな輪郭《りんかく》を見せてくれるだろう。くすんだもののやぼんやりしたものがなくなり、いまよりはるかに明快な姿を見せてくれるだろう。世界が明快になれば、人生はわかりやすい。

けれども、ほとんどの人がそれを実行できない。曖昧なままの自分をそのまま世の中に置いてしまう。

それを受け止める世の中ははるかに老獪《ろうかい》で、人間の数だけある曖昧さをひとつの「価値」にすり替えてしまう。〝曖昧が利口なんだよ〟と諭《さと》してくれる。争うな、角なんか立てるな、人には嫌われるな、つねに他人の立場にたってものごとを判断しろ、要するに大人になれ。この説得にほとんどの人が負けてしまう。なぜなら平穏《へいおん》に生きることはすべての人の願いだから。

でもぼくは、平穏に生きることと、世の中が押しつける「価値」は無関係だと思う。そんなものは思うぞんぶん踏みしだいても、平穏に生きることはできる。

明快な人生こそ平穏じゃないか。周囲がどう見ようと、波乱にどれほど包まれようと、本人にとって明快な人生は心安らかだろう。むしろ平穏に生きることを自分に命じて不自由になるほうが、はるかに乱れる。他人の目には平穏に映《うつ》るかもしれないが、本人の心はいっときもくつろがない。

この本でぼくは、「いい人」について考えてみたい。「いい人」こそ、老獪な世間が押しつけた価値ではないか。「いい人」こそ、自分の曖昧さを笑ってごまかすための仮面ではないか。そう思うから書いてみたい。

なぜならキミの中の「いい人」は疲れている。疲れている自分はいっときも早く解き放ったほうがいい。「悪い人」に価値を見出したほうが、いまのキミに巣食っているどうしようもない疲れを解き放てる。少しも困ることはないだろう。

鳩時計はハトが飛び出す。

ハトは「いい人」だけど、飛び出したら律儀《りちぎ》に時計の中に戻ることもないだろう。どこかにそのまま飛んでいけばいい。キミの中の「いい人」も、苦しくなって叫びを上げたら、そのままどこかに飛んでいけばいいのだ。

ぼくがこの本で考えてみたいのは、そのときハトにまといつく鎖《くさり》を断ち切る思考法だ。いまの自分に感じる物足りなさはすべて、鎖を断ち切れないキミ自身の思考法にある。

だからまず、「いい人」への未練《みれん》を捨てる。「いい人はいい」という思い込みも捨てる。すべてはそこから始まるのではないか。

キミは
どうする？

島耕作に知る　「いい人」をやめる男の成功哲学◉目　次

プロローグ――「いい人」を目指すから人生に退屈する　3

第1章　「いい人」の人生はなぜつまらないのか

他人に好かれても、自分に嫌われる「いい人」　20
錯覚《さっかく》にすぎない人望　23
安心感を求め平均を演じていないか　26
生きている実感を味わったほうが気持ちいい　29
周りの評価を過大に気にしていないか　32
タテマエを認め、本音を取れるいさぎよさ　35
どうせやるならいやなことでも積極的にやれ　39
「いい人」は演技の達人？　44
「いい人」になることで倫理観も乏《とぼ》しくなる？　46
過去にこだわりすぎてもいまはない　48
自分を出し〝だけど〟にこだわる必要性　52

「いい人」の話は結論が決まっている　55
「いい人」と思われることが弱点になる　57

第2章　**人生は「70パーセント」で乗り切れ**

どこに「自分探し」の自分がいるのか　62
人生には30パーセントの闇《やみ》がある　67
自分の中に「いい人」でない誰かがいる　69
永遠の愛なんてウソっぱちだ　72
覚悟を持つことが子供に安堵《あんど》感《かん》を与える　74
「自分がわかる」ことはわからないことを知ること　77
人生は迷路のようなものだ　79
異質なものをそのまま受け入れるのが大人　82

これが会社なんだ 男の仕事というのは こういうものなんだ…… ってわかった 脆弱《ぜいじゃく》な知識とか プライドとかは関係ない
わかってしまえば あとは怖いもんなしだ 仕事にも 自信がわいて パワーもついた

第3章　「悪い人」の人生はおもしろい

ダンディズムをなくしていないか　88
「悪いこと」だからといって否定するな　91
会社が決めるのではなく、自分で決めろ　93
窓際族の持つ強さ、魅力を知る　98
「いま」に居直れ　100
恋も不倫も責任を持って爽やかにやれ　102
世間から認められた「席」なんていらない　106
誤解されてもいいじゃないか　107
バカなヤツだと思われろ　110
過剰適応していないか　113
ケンカは大いにやれ　117
言わない意見はアブクと同じだ　120

人づき合いが悪くてもよい 122
出処進退の判断は一瞬でやれ 125
「いい人」になろうとしてミスから逃げるな 127

第4章 「いい人」ばかりの集団から飛び出せ

現代は「いい人」からの脱出のチャンス 134
文句を言わないのは美徳なのか 139
白を黒と言い換えていないか 143
何がほんとうのいい上司か？ 145
部下に「いい人」を求める心理 148
「いじめ」の陰湿さは「いい人」が作り出す 152
大人を装い、すべてを丸く収める集団の脆《もろ》さ 154
危機感のない「いい人」 158
「いい人」ほど人の気持ちを逆撫《さかな》でする 161

第5章　好きなことをやりながら「人望力」を育てる

不良社員はなぜか人望がある　166
あえて人の心を読まない　169
率先《そっせん》して休め　172
「アンタが悪い」と軽く指摘できる爽やかさを持て　176
ほんの少しの勇気が変えること　180
公的時間でも「いやなものはいや」で通るか　182
後ろめたさを抱えるな　185
契約は契約と割り切る　188
決して他人を侮《あなど》らない　194
不機嫌な気分で人と会うな　197
自分がいやなことは相手に要求しない　200
「いい人」はカッコ悪い　202

「ガンバレ」とは言わない　206
遠慮は難しい美学だと思え　209

第6章　**「悪い社員」には力がある**

「いい人」の人生は狭《せま》い　216
辛酸《しんさん》を嘗《な》めて人生に自信が生まれる　217
自分の弱さを正視できるようになれ　220
弱みを笑って話せる人間の大きさ、手ごわさを知れ　225
恥ずかしさにとらわれたらパワーを失う　230
ほんとうのバランス感覚　233
いつでもただの一人の男に戻れる大切さ　236

エピローグ——**強くかつ好きに生きろ**　241

あのことに対しては
いろいろあるんだが
特に　弁明はしない
しかし私情を仕事に
持ち込むのは　やめろ
そのことは
はっきりしておいて
欲しい

島耕作に知る　「いい人」をやめる男の成功哲学

第1章

「いい人」の人生はなぜつまらないのか

他人に好かれても、自分に嫌われる「いい人」

明快に生きるための原則をひとつだけ挙げてみよう。

自分を嫌わないことだ。

ただそれだけでいい。

自分を好きになれるように行動する。迷ったりためらったりしたときも、どう動けば自分を嫌いにならずにすむか、それだけを問い詰める。

この作業は少しも難しくない。

やりたいことをやればいいのだ。思いどおりに動けばいいのだ。他人に嫌われることはあっても、悔《く》いが残らなければ自分を嫌うことはない。

ときには周囲に裏切られ、ときには自分のバカさ加減に嫌気のさすこともあるだろうが、そんな経験も無駄とは思わない。未熟さも含めて、自分の行動に責任を負う決心が備わるからだ。

では、自分を嫌いになるのはどんなときか？

誰にも覚えがあると思う。

決して本心からではない言葉や行動を選んで、その場を「いい人」で切り抜けたときだ。気の乗らない誘いでも断らない、意見を求められれば関心のないことでも応じる、聞きたくもない話題に相づちを打ってつき合う、そういうときだ。

結果としていつも後悔する。「こんなことなら」と自分の気弱さ、曖昧《あいまい》さを悔やんでしまう。

しかし、同じような場面を迎えるとまた同じ行動を繰り返す。どうしても「いい人」が前面に出てしまう。

それを自分の気弱さのせいだと考えるのはどこかにウソがあって、ほんとうは「いい人」への幻想が捨てきれないからだ。プロローグでも書いた世間の押しつける「価値」を自分も信じているからだ。

ではいったい、「いい人」のどこに価値があるのか。

他人に嫌われないということだ。

「いい人」でありさえすれば、他人に嫌われることはない。これは大きな価値だろう。

他人に嫌われさえしなければ、仕事はうまくいく。失敗しても同情ぐらいはしてもらえる。人間関係にも広がりができる。つねに誰かがそばにいるし、いざというときは周囲にかばってもらえる。つまり、安全で居心地のいい毎日が送れる。

そうだとすれば、「いい人」は上手に生きる人だ。他人と争わず、つまらない危険や災難にも巻き込まれず、和気あいあいと生きていける人だ。少しも不幸な人ではない。

でも嫌いなら意味がないだろう。

いくら他人に嫌われなくても、自分で自分が嫌いなら意味がない。

「いい人」を演じるたびに自分を苦々しく思うなら、「いい人」には大して価値がない。「いい人」であり続けるというのは、本音のところで自分を嫌い続けることだから、いよいよ意味がない。

錯覚《さっかく》にすぎない人望

何より意味がないのは、「いい人」は誰からも好かれるという思い込みだ。

自分を嫌いになってまで「いい人」を演じるのは、他人に好かれたいからだろう。

でもよく考えてほしい。

「いい人」は本当に誰からも好かれるだろうか？　自分を嫌いになってまで演じる「いい人」とは、ほんとうにそれだけの価値があるのだろうか？

「ない」とするのがぼくの考えだ。

「いい人」は遠ざけられることこそないが、一歩踏《ふ》み込んでその魅力を知ろうという人も出てこない。

「いい人」はどこまでいっても「いい人」のままであり、オブラートに包まれたマシュマロのように歯ごたえがない。

とまあ、ここまでけなされたら「いい人」は反論したくなるだろう。

「では、やりたいようにやって嫌われてもいいのか。つまらないことで他人に悪意を持たれたら、それこそ不幸じゃないか」

こんな反論はそれこそ的《まと》はずれだと思う。

なぜなら嫌われない。

悪意も持たれない。

万が一、そういう相手がいたとしても、気にすることはない。ちょうどいい機会だからつき合いを絶《た》てばいい。

「いい人」を演じなくなったキミを嫌う相手は、いままでキミに「いい人」しか求めていなかった。誘えばついてくる、頼めば断らない、話は聞いてくれる、こんな「いい人」はめったにいない。だから親しみを込めて接してくれた。

そういう関係を周囲に張りめぐらせば、キミは誰からも「いい人」と思われ、親しまれる。

するとつい、人望があるんだなと錯覚してしまう。そりゃそうだ。パーティーには必ず声がかかる。仲間内の遊びにも必ず声がかかる。いろんな人間がいろんな情報を漏《も》らしてくれる。キミの言うことにも頷《うなず》いてくれる。少しも孤立感を味わわないですむ。

でも、そこまでだ。

相手に「いい人」を求める人間はすべて、相手の「いい人」の部分しか好きにならない。だから裏切られると不機嫌《ふきげん》になる。「いい人」以外の顔を見せられると、手のひらを返したように冷淡《れいたん》になる。

立場を逆にして考えてみよう。

キミの同僚のKは「いい人」だ。キミの誘いにはいつでも乗ってくれるし、キミの愚痴《ぐち》にも最後までつき合ってくれる。だからKはキミにとって大事な友人になる。

ところがある日、仕事の帰りに久しぶりに声をかけたら素っ気なく断られた。あるいはいつものように飲んで愚痴をこぼし始めたら「聞きたくないよ」と席を立たれた。

キミはガックリするし寂しくもなる。腹を立てるかもしれない。「あんなヤツとはもうつき合わない」と思うだろう。これが、相手に「いい人」を求める人間の正体だ。

つまり自分の都合だけを優先させている。わがままだし甘えているし子供じみている。「いい人」を取り囲む仲間というのは、そういう人間の集まりでしかない。嫌われたって構《かま》うことはないだろう。

安心感を求め平均を演じていないか

もちろん「いい人」にもいろいろある。

微笑みを忘れず、人の言うことに何でも真剣に耳を傾けてくれる、近くにいるだけで体温が伝わってくる、この人には悪意はおろか欲というものがあるのだろうかと思ってしまう。円満で滋味《じみ》のある人だ。

このイメージは良寛《りょうかん》さんそのものだ。誰もが素直に納得する「いい人」のモデルは良寛さんだろう。

ひがな一日、タンポポの咲く野原で子供たちと手鞠《てまり》をついていた。

泥棒に入られて、盗んでいくものがないので自分がかぶっていたたった一枚の布団をソッと外《はず》して取りやすいようにしてやった。

親不孝な知人の息子の説教を頼まれたけれど、何も言えずに帰ることになった。玄関先で息子にワラジのヒモを結ぶように頼み、目の前にかがみこんでいる息子の首筋にひとしずくの涙を落とした。ともかくそういう人だった。

良寛さんのようなタイプが稀有《けう》ではあっても実在しないとは限らないから、根っからの「いい人」には頭が下がる。ただしこれは例外であって、現代の「いい人」は気弱さからくる人のよさ、ソツのなさ、そして人間関係に対する曖昧さが持ち味だ。

周囲が期待する「いい人」になり切ることで、自分の居心地《いごこち》のよさを確保する。出る杭《くい》になるよりも横並びでいることに安心感を覚える。横並びに満足し、他人とぶつかってまで欲望を満たそうとは思わない。

つまり、ごくありふれたふつうの人。どこの会社にも集団にもいる常識人がそれだ。日曜日には疲れをおして家族を遊園地に連れていくよき家庭人だ。

それが現代の「いい人」だ。人並みの安定を求め、ケンカしてまでがんばろうとは思わないが、出世したい気持ちは当然ある。そこそこの幸せの中でまどろむが、ストレスともけっこう縁がある。

仲間うちでは「いい人」だけど、それ以外の人から見たらなんの変哲もない人間だ。

子供の世界にもこれに似たキャラクターがいる。いわゆるいい子だ。仲間に嫌われたくなくていつも笑顔を絶やさない子供、強いクラスメイトのご機嫌取りに必死に頭をめぐらす子供だ。明るいキャラクターを懸命に演じているが、自分ではほんとうはそんな人間じゃないと思っている。

つまりいい子という他人の評価は、取り外しのできる仮面のようなものだ。そのことは本人がいちばんよく知っている。いい子でありさえすれば、周囲は期待もしてくれる。いい子も、「いい人」もその点はまったく変わらない。

誠実な社員、常識のある社員。そういう他人の評価が「いい人」にとって大切な道具立てとなる。それが現代の「いい人」ならば、どこにでもいる平均的な日本人、つまりはわれわれ自身ではないか。

生きている実感を味わったほうが気持ちいい

人づき合いの良さや人当たりの温かさは良寛も変わらないが、最大の違いはケレン味だ。

自分を守ろうとするのが、積極的に「いい人」になろうとする動機だから、同じことをやっても良寛ほど清々《すがすが》しくないし、いさぎよくもない。けっこう計算ずくで受けを狙《ねら》い人気の上下に汲々《きゅうきゅう》としている。それがケレン味だ。

ケレンは現代では当然のことで、良寛のような無防備な生き方では蹴落《けお》とされてしまう。

だから計算する。計算して上司にとってよい部下であろうとする。イエスマンにもなるし、ヨイショだってする。

反抗したいときもあるだろう。怒鳴《どな》りたいこともあるはずだ。でもそういう気持ちは心の底に押し込める。そういう気分を出すことは損得で言えば損なのだ。

自己主張の強いヤツだと思われるし、嫌われるし、「いい人」でなくなる。つまり居心地が悪くなる。

仕事もそうだ。やりたくない仕事であっても、やりたくないと言ってしまえば居心地のよさを失う。失職したり左遷《させん》させられたりするから我慢するしかない。

そうやって日々無事にすごすことが大人になることだし、分別《ふんべつ》だと思っている。平穏《へいおん》こそ人生の価値なのだ。学生のように気分でアルバイトをしたり辞めたりはできないのだ。

そのことは認めよう。きれいごとだけでは世の中はやっていけないのは事実だし、いつまでも子供の気分ではいられない。「いい人」とはよき社会人のことでもある。

でもこれは、〝社会に認められる顔〟を仮面のようにつけているだけじゃないか。自分の気分や感情を抑《おさ》えて、社会人として常識的であろうとしているだけだ。「いい人」を続けるためには自分の気持ちを取り繕《つくろ》わないといけないのだ。

こういう言い方は許されると思う。

社会人をやりながら、でも自分らしく生きるためには何をどうしたらいいか模索《もさく》していくのが人生だ。長い人生を歩きながら「なりたい自分」になる道を辿《たど》っていくのが人生だろう。その気持ちを失ってはならない。

社会人として安定と周囲の善意だけで満足するのはいいが、自分の中でもがいている、もうひとりの自分を失ってはならない。

ひと言で言えば志《こころざし》を忘れないことだ。

具体的に何かになりたいということではない。気分よく、爽《さわ》やかにかつ明快に生きようと心に期するのが志だ。

だから「いい人」と評価されなくてもいい。気持ちよく生きられればそれでいい。他人と正面からぶつかるのも回避しない。嫌われたらそのときのことで、志までごまかしてはいけない。

ぼくは『加治隆介《かじりゆうすけ》の議《ぎ》』という漫画を描いているが、自衛隊のことを言えば必ずある傾向の人々から批判される。自分の意見を表明することは、同時に敵を作るということだと身をもって味わっている。

かれらから見れば、ぼくは「いい人」ではない。たぶん悪い男だ。

でも、その漫画を描き続けることで正直に自分を出しているだけだ。その結果、支持する人もいれば支持しない人も出てくる。それがぼくに生きているという実感を与えてくれる。

その実感を手放してまで「いい人」になりたくはないのだ。

明快に生きようと思えばこれぐらいは当たり前のことだろう。本音を隠して口当たりのいいことを言っていれば、誰もが認める「いい人」になれるが、ぼくはそれよりいさぎよい人と言われるほうを選びたい。

周りの評価を過大に気にしていないか

誰からも好かれようと思えば、気持ちを偽《いつわ》ったり行きたい方角とは違った方向へ行かざるを得ないだろう。

ひとりの女とさえなかなか気持ちが合わないのに10人に受け入れられようと思えば、自分を殺すしかない。ほんとうはラーメンを食べたいのに彼女に合わせてフランス料理を食べている男は彼女にとって「いい人」だが、自分の気持ちをごまかしていることも間違いない。

そこで曲げられるのが自分の意志や好みだ。

意志についてここで少し考えてみる。

まず生きたいという意欲がぼくらにはある。これは認めてくれると思う。どう生きたいのか。気持ち良くだろう。毎日を気持ちよく生きたいと誰でも願っている。

そのうえでいろいろな目標を掲《かか》げる。サラリーマンとして成功したい。金持ちになりたい。小説家になりたい。漫画家になりたい。素敵な人と結婚して明るい家庭を築《きず》きたいというのも目標のひとつだろう。

その目標に向かって努力しようとするのが意志だ。

意志とは単純化してしまえば、気持ちよく生きるために目標を設定し、それを実現させようとする決意のことだ。

その意志を裏切ってはいけない。

サラリーマンとして成功したいと思い、そのためにがんばる。だが、がんばり方が自分を裏切るものだったら、意志に反することになる。

成功するために上司にゴマをする。手ごわい同僚を蹴落《けお》とす。帳簿上のごまかしも、隠微《いんび》な接待もいとわない。

これは気持ちよくないだろう。サラリーマンとして成功したいと思うのは、気持ちよく生きたいからだと書いた。でもやり方が気持ちよくなければ、すべてが台無しではないか。つまり意志がねじ曲げられてしまうのだ。

気持ちよく生きようとして気持ちよくないことに手を染《そ》めてしまうのでは、何のための目標かわからない。

上司が認めてくれなくても結構だ。ゴマすって出世するのなら、そんな出世はいらない。そう割り切れるなら気持ちよさも明快さも手に入る。志とはそういうものだった。

するとキミは上司にとって「いい人」ではなくなる。それならそれでいいじゃないか。結局みんなに認められ、愛されるのは不可能なのだ。だからといって、周りの期待に合わせようとする努力がすべて無駄だと言っているわけではない。

親の期待、先生の期待。そういうものがあるから一生懸命勉強したし、大学にも入れた。それは事実だろう。

でも、そのころは親の期待を裏切ってでもやりたいことがまだ見つかっていなかった。だから、期待にそえたというのも事実ではないだろうか。

これからは自分の生き方を決めるのは自分だ。すべての人の期待にそわなくてもいい。上司も同僚も親もその対象だ。

タテマエを認め、本音を取れるいさぎよさ

無類に「いい人」ならば、何も言うことはない。

だが無類に「いい人」なんてめったにいない。無類にいいというのは、城を持たないことだ。垣根を作らないことだ。無防備なことだ。柔和《にゅうわ》な自我の持ち主だ。

見た目にはそういう人もいる。何も買わずにセールスマンを去らせることができないとか、借金の申し入れを断れないとかだ。でもたいていの場合、気弱さがそうさせるにすぎない。

ほんとうは買う気がなかった、借金の申し入れを断りたかったという気持ちが少しでもあるのなら、これはたんなる気弱なお人好しだろう。

たとえその借金が友人のためによくないことだとしても、友情大事というタテマエ

に届してしまう。断固として貸さないことが友情の証《あかし》になる場合でも、その選択はできない。非難されるよりもいいヤツでいたいのだ。

現に、その友人が共通の友人に断られたことを憤慨《ふんがい》すれば、「まったく友達がいのないヤツだ」と同調してしまう。

タテマエと本音はつねに分離する。

分離するのは仕方がないことだ。問題はそこにかける「橋」をどうつけるかだろう。タテマエはタテマエとして認めつつも、ひょいとその「橋」を渡って本音に戻れる自分を失ってはならない。

こんなことはなかっただろうか。たとえば小学校でのことだ。教室の掃除はクラス全員でやることになっていたが、一部の生徒がサボり続けた。キミは毎日参加している。

ホームルームで先生がこう問いかける。「掃除の嫌いなものは手を挙げなさい」

日ごろサボっている生徒はみな手を挙げた。

キミは手を挙げるべきかどうか、躊躇《ちゅうちょ》する。掃除は決まりだと思っているからやってきた。でも、好きか嫌いかと言えば嫌いだ。それははっきりしている。

クラスは嫌いだからやらない生徒と、好きだからやる生徒に二分されている。嫌いだけどやるという選択はないのだろうか。ここのところが自分ではわからない。でも迷っているうちにはっきりしてきたこともある。サボる連中とは一緒にされたくないのだ。掃除をする動機も多分それだった。

なぜサボる連中と一緒にされたくないのか。そこでキミは周囲の目に気がつく。主に女子生徒の目だ。

彼女たちに嫌われたくない。それが掃除に参加する動機だった。

わざわざ小学校のころの例を挙げたのは、大人になっても結局はこのケースと同じようなところで右往左往しているからだ。

つまりタテマエと本音の間で迷い続け、結局タテマエに従う。「橋」を渡って本音に立つことができない。

堅苦しく言えばそれが日本人のルール感覚なのだ。子供のころに何となくそれを学習し、大人になっても同じことをくり返している。

掃除をするのはクラスのルールだった。

一部の生徒は、嫌いだからやらないという選択をした。

他の生徒は、好き＝やるという選択をした。厳密に言えば好きかどうかわからないが、見た目にはそういう選択をしている。

掃除をやりたくないという自分の中の気持ちに従った生徒と、クラスのルールに従った生徒に分かれたのだ。

キミの本音はやりたくない、だけど、タテマエのほうを取った。つまりいい子と言われる道を選んだ。

でも、とキミはひそかに反論したくなるだろう。本音で言えば掃除を積極的にやる連中だっていい子になりたいだけじゃないか。

そのとおりだ。ほとんどの生徒は本音は嫌いだけどクラスのルールだから仕方がないじゃないかと思っている。

全体のルールと個人の気分や本音がぶつかったときは、全体のルールを選ぶのは集団生活上当然だ。この場合なら掃除をするほうが正しい。サボるのは間違いだ。

したがって自分の気分でやらないを選んだ連中は先生に叱《しか》られるしかないが、自分の気分に素直だった点は認めていい。

タテマエと本音の間に溝《みぞ》があるとき、ぼくらのほとんどはタテマエを取る。それが全体の利益になるからではなく、そうしないと悪い子になってしまうからだ。

善くも悪くもその選択には自分がない。日本人のルールとのつき合いはたいていそうだ。タテマエを言っていれば非難されないから、ルールに従う。「仕方がないじゃないか」と言って従う。

掃除をやらないのは間違いだと書いたが、間違いでもとにかく自分の気持ちに従おうとする思い切りの良さ、いさぎよさだけはある。

非難を恐れる気持ちが先に立ってしまえば、一切の場面でこの思い切りの良さが失われてしまう。

どうせやるならいやなことでも積極的にやれ

「仕方がないじゃないか」と言ってルールに従ってしまうのは、気弱さのせいだ。社会とか集団を大げさに考えすぎて、ひれ伏してしまう「いい人」の弱さそのものだ。

この気弱さとは保身だろう。自分はこうしたいのだけれど、みんなはそうでないから仕方がない。衝突したり嫌われたりするくらいなら折れたほうがましだと考える。オレはオレだという気持ちや、明快さはそこにはない。

相手が強者なら理屈もなく迎合《げいごう》するのは、背筋が伸びていないのだ。そして気弱さが遠慮を生み、遠慮が卑屈《ひくつ》さに変わる。

チンピラにからまれたとき、カネを出したうえに平謝りまでしてしまうようなものだ。

相手がナイフをふり回したり数を頼んでいれば、カネを取られるのは当然だろう。だが、謝る理由はない。

キミはチンピラの要求を認めた。けれど、許しを請《こ》うてはいけない。それが背筋を伸ばすということだ。

さっきの掃除の話も同じだ。キミは掃除が嫌いだった。でも参加した。動機は周りの女子生徒に嫌われたくないということだった。

ここでキミは全体のルールに従い、しかも女子の顔色をうかがった。その行為は卑屈と言える。

掃除をやるのなら周囲の目は気にするな。ただ黙々とやればいい。自立とはそういうことだ。

参加するときは淡々と参加する。嫌いという自分の気分を打ち消してしまうことだ。自立とは、小さなことに拘泥《こうでい》しない自分のルールを持つことだ。やるべきことは、やる。つまり気合だ。

同じ掃除をするにしても、周りの目を気にして従うのと自分のルールに従うのは違う。

会社でも似たようなことがある。上司の査定を恐れて愛想笑いをしたり、命令されないことまでやろうとする。そのうえ懸命に上司にアピールする。上司がタバコを手にすればポケットを探ってライターを差し出す。いまどきそんな部下がいるとは思わないが、もしいたら、上司にとってはとてもいい部下だ。

「査定権は向こうが持っているのだから仕方がない、それがサラリーマンだ、やむを得ないじゃないか」そう弁解するかもしれない。

ほんとうにそうだろうか。会社は仕事をするためにある。上司も部下もそのために会社に来ている。これは間違いない。サラリーマンの定義を言い出すなら会社で仕事をすることが原則だ。

その原則さえ認めるなら、査定は仕事のうえでしてもらえばいいと気づくだろう。にもかかわらずそうできないのは、別の問題があるからだ。上司が査定に気分を持ち込むということだ。間違っているのは私情を交《まじ》える上司なのだ。

キミはそれを知っているのに追従してしまう。原則を上司がねじ曲げているのだから無視すればいいのだ。

前項を思い起こしてほしい。

自分の気分に従う連中にはなぜか一点無視できないいさぎよさがあると書いた。全体の意志とか強いものに無条件に従ってしまう傾向が日本人にはある。タテマエに弱いのだ。そういう背景があるから、他人は他人、オレはオレで行動することがいさぎよさとなる。

この場合、上司が査定権を拡大しているのならキミは無視すればいいのだ。おもねらずただ仕事は一生懸命やるだけだ。それを上司がどう査定するか、それは上司の問題であってこっちの問題ではない。評価が低いならキミから上司を見限れ。どうせリストラで飛ばされる程度の上司と思え。

上司の顔色をうかがって残業したり、上司のカバンをもぎ取るようにして持ったりしなくていい。
つまらない気配り、気弱さが原因で自分を嫌いになるのはいちばんバカバカしい。

「いい人」は演技の達人？

結局、不満や怒りがあっても、わかったふりをしてやりすごしてきただけではないか。その大人ぶりが、「いい人」という評判になっただけではないか。

大人としてできあがったふりをする。そこにあるのは〝完全な大人〟というイメージだ。

ぼくらの中には〝完全〟のイメージがある。完全でわかりにくければ理想でもいい。理想の社員、理想の恋人、理想の仕事のこなし方、理想の男、もしくは女。そういったイメージだ。そのイメージに強くこだわるのが〝完全主義者〟だ。

たとえば草野球でバッターボックスに立つ。周りの評判ではキミは華麗《かれい》に力強くボールを打ち返すスラッガーだ。その力強さはキミ自身のイメージにも適《かな》っている。

しかし、ボールが飛んできたとき空振りはおろか、きりきり舞いをして尻餅《しりもち》をついてしまった。

周囲は当然爆笑だ。こんなとき、頭をかいて「失敗失敗」とみずから笑いのめしてしまえばいいのだが、完全なイメージにこだわっていれば、恥ずかしさが先に立つ。「いい人」のイメージも同じだろう。自分の中に「いい人」のイメージが完璧であればあるほど、そのほころびが許せない。

仕事ができる男だというのが周りの期待であり評判ならば、オレは失敗しない、失敗するような男ではない、そう思ってがんばる。そうやってさらに自分の抱くイメージにのめり込む。

これは過剰適応だ。周囲の評判や自分自身の描くイメージへの過大な依存だ。いちど「いい人」と言われるとその評価をこわしたくない。ほころびが出そうになったら曖昧にごまかす。そんな自分が好きか嫌いかを考えることもなく、ともかくほころびを取り繕《つくろ》う。

そんな生き方はほんとうは疲れるだけだ。だから、降りてしまえばいいのだが降りられない。

完全主義から撤退《てったい》することは簡単ではない。「完全」でいたい気持ちは強迫観念になるからだ。

「いい人」になることで倫理観も乏《とぼ》しくなる？

欧米が罪の文化ならば日本は恥の文化だそうだ。

欧米人が「悪いことはやらない」と考えるのに対して、日本人は「恥ずかしいことはやらない」と考える。

曖昧さと明快さでいうなら、日本は曖昧で欧米は明快だ。

恥ずかしいという感情は周りに知人がいることが前提だ。あの人に見られたから恥ずかしいという感情だ。だから縁もゆかりもない旅先では、何をやっても恥にはならない。

恥と世間はセットになっている。これは「いい人」のことを考えるとき、ひとつのヒントになる。

公務員の食料費とか経費の私的流用が指摘されたことがあった。

税金はわかりやすく言えば他人の金だろう。それを私的に流用するというのは恥ずべき行為だ。

だが現実には公務員は恥ずかしいことと思っていなかったふしがある。むしろ前々から行われている余禄《よろく》ぐらいにしか思っていなかった。

この問題はこう考えるとはっきりする。役所の中だけがかれらにとって世間だった。その世間では公費の流用はみんながやっていることだから恥ずかしいことではない。

なぜ「恥ずべき問題」になったのか。マスコミが知り、ついで国民が知ることで事態が変わったからだ。

自分がいて周りに世間があるのがぼくらの世界だ。そこでは世間の人の目が何が恥で何が恥でないかを決める。

タバコの吸いがらを道端に捨てるような人ではないと思われていたのに、誰も見ていないはずのところでやったポイ捨てを同じ課の女性社員に見られてしまった。女性社員の目という世間が突如出現したのだ。だから恥ずかしい。

役所では私的流用を当然のこととしていたから、そこでは目がないのと同じだった。問題になってしまったのはマスコミや国民が知ることで、マスコミ・国民＝世間の目になってしまったからだ。

こうなれば役所は世間（マスコミ・国民）の目を気にせざるを得ない。だから恥ずかしい。

役人に特別恥知らずが多かったわけではない。

「いい人」が気にするのも周囲の目だ。「いい人」は世間の評価でしか成り立たないキャラクターだからだ。

出る杭《くい》になるというのも同じだ。世間が出る杭を嫌い、問題児扱いするから、出る杭になるよりも、みんなに和して「いい人」になろうとする。

「いい人」と世間の目は、もともとセットなのだ。要するに周囲を気にしすぎるし、人に嫌われたくないのが「いい人」なのだ。

過去にこだわりすぎてもいまはない

「いい人」の正体がだいぶ明らかになってきた。つまりは〝エエカッコシイ〟に近い。それがわかってなぜ「いい人」をやめられないのだろうか。

自分へのこだわりだ。

いまの自分や、その自分の中にある気分とか感情ではなく、自分の過去へのこだわりだ。

学歴も教養も名声も地位も財産も何もかも過去が作った。それらを作ってきた道のりが過去だ。

それぞれに愛着があるし、居心地がいい。「いい人」という評判も過去が作った。それをまとうことは仕立てのいい服で身を包むように気分もいい。

でもそれだけのことだ。過去が作ったものは過去に名誉があって、いまにはない。過去もいまも自分は自分だから、この言い方は少しわかりづらいかもしれない。

こう言い換えてみよう。

きみがいま得ているものはもともとなかったものだ。それらを作り、手に入れることがこれまで生きてきたということだ。

そして、いまの自分にないものは過去が捨て去ったか、抑圧してきたものだ。

キミが将来手に入れたい夢、にもかかわらず、いまの自分にないものはおそらくキミの中のどこかにしまい込まれている。

問題は「いい人」だった。「いい人」という評判は過去が作り、いまに維持されている。

それは「いい人」という評判に安住しているだけなのだ。キミには「いい人」というイメージ以外の自分がきっといるはずだ。

その自分に近づくためにこれからの時間がある。

つまり、いまの自分の内部に未来に開けるものがあるかどうかだ。

くり返そう。「いい人」になることは、平穏に生きることを保証してくれた。争わず、角を立てず、人に嫌われずだった。

だが、そのためにキミが払った犠牲《ぎせい》もある。

世間が認めてくれる「いい人」になることで、内側に息づいている〝なりたい自分〟になろうとする欲望とか本音を抑え込んでこなかったかだ。

やりたいことがあっても、世間体が悪いとか下品だとか評判が落ちるとか敵を作るとか、そういう理由で曖昧にしてこなかったかだ。

「いい人」なんて評価はいらない。本気で生きたいと思うなら、いまも自分の中に巣食っているはずの、抑え込んできた「わからない部分」に注目することだ。

その部分がキミにしばしば苛立《いらだ》ちの声を上げている。

「いい子ぶりやがって！」

これが本音だ。キミは100パーセント「いい人」なんかじゃない。わかったような顔をしているが、キミの本音はそんなキミを軽蔑《けいべつ》しているじゃないか。

自分を出し〝だけど〟にこだわる必要性

ここまで書いてきていまさらと思われるかもしれないが、ほんとうを言えば「いい人」という言い方がそもそもおかしい。ハッキリした悪人以外はみんな「いい人」に決まっているからだ。それなのにそう言われるのはひと握《にぎ》りだということは、「いい人」には「いい人」という特徴しかないからではないか。

他の人は「いい人だけど少しあくがある」とか「いい人だけど自己主張が強い」というように〝だけど〟がつく。

人生にとって大切なのは、この〝だけど〟以下に続く部分だろう。善きにつけ悪しきにつけともかく自分が出ているからだ。

個性というのなら〝だけど〟以下が個性だ。

「いい人」というのは一般には個性の薄い人を持ち上げる常套句《じょうとうく》のようなもので、誰もがほんとうはどうでもいいと思っている。つまり、「いい人」としか言いようがないほど個性が薄いから「いい人」と言ってしまう。厳しい言い方をするなら、どうでもいい人なのだ。

男は女に「いい人」と言われるのを本能的に恐れている。「いい人」というイメージが没個性的で何の特色もない人、いてもいなくても構《かま》わないただの人のことだというこことがわかっているからだ。つまり、しびれたり、女心を揺《ゆ》り動かすものが何もない。

いい子が反抗期を無抵抗に通過して、あとになっていろいろな問題を起こすのは、抑圧していた自分とか個性をハッキリ出したいという叫びだろう。

「いい人」も同じだ。いつもほがらかで明るく、人にチャンスを譲《ゆず》って悔しさを表さないのなら、そして問題を起こすよりも、ママと言って曖昧さを選択してしまうのなら、そんなの自分を出していないだけだ。結局、優柔不断なのだ。

自分を出すことは少しも難しくない。わがままな子供がただわがままなように、ほんとうは誰にでもできる簡単な行動だ。

けれども、自分を出さないことに慣《な》れてしまうと難しくなる。成長するにつれて、自分を出さないほうが安全だし他人ともうまくいくという知恵が備わると、自分を出すことにためらいをもつ。あえて危険を冒《おか》す必要はないからだ。個性的であることに憧《あこが》れつつ、個性のない人間となっていく。それが大人になることだというのなら、ノーと言うべきだ。自分をほんとうに好きになりたいのなら。

子供も同じで、学校が決めた制服を着ていればいい子でいられる。でもそれではファッションで個性を出せない。

個性的であろうとして制服を拒否すれば、悪い子とか不良のレッテルを貼《は》られてしまう。

前にぼくは自分のルールに従えと書いた。自分のルールとはいさぎよさのことだ。いさぎよく自分を出すことだ。それが個性ではないか。

ほんとうは誰でも〝だけど〟の部分がある。その部分を出せばいい。

「優秀なサラリーマン」というだけのサラリーマンよりも、「だけど、ときどき何しているかわからないヤツだ」とか「だけど正体不明だ」とか。その部分を隠したり恥じたりする必要はないのだ。

「アイツ日曜日に電話しても出たためしがないし、月曜日は午前中遅刻したり、午後出社になったりする。調べてみたら、土曜日から必ず山に行くらしい」

土日に山に行くのは趣味という個人の時間だけど、それが月曜日になだれ込んでしまうのは、全体のルールよりも自分のルールに従った結果だろう。

仕事もがんばるけれど、趣味も本気だということだ。ときに趣味が仕事の時間に食い込むけれど、やりたいことをやるのだから仕方がない。そこで生じるペナルティから当然逃げない。

アイツは有能な社員だけど、ときどきルーズになる。これでキミは〝だけど〟つきになれる。もっと自分の〝だけど〟にこだわるべきだ。

「いい人だ」で終わってしまう好評価なんていらない。それは個性が周囲に伝わっていないというのと同じことだからだ。

「いい人」の話は結論が決まっている

「いい人」は角を立てるのを好まないから周りの意見に従う傾向がある。その意味で、どんな話も最初に結論ありだ。

みんなが反対するから反対だ、みんなが賛成だからぼくも賛成。そういう結論だ。世の中には正論がある。みんなの意見の集大成のようなものだ。正論は誰も否定できない。

友達は大切だ、家族に愛情をそそげ、戦争は許せない、ケンカはダメだ。誰もがそのとおりだと思い、どんな場面でもこれを出せば筋《すじ》を通せる。正論には有無を言わせない力がある。

どこかとどこかが戦争を始めた。そのことで侃々諤々《かんかんがくがく》になる。例で言えばアメリカがいいのか、イラクが悪いのか、その原因をめぐっていろいろな意見が飛び出す。

こんなとき、「戦争は悪だ、論ずるまでもない」と誰かが言い出したらどうか。

それはまったくそのとおりだから、ごもっともと言うしかない。

正論は、誰もがとりあえず受け入れざるを得ない。だからこれが飛び出すとたんに話がつまらなくなる。

現代では犯罪の背景が複雑になってしまい、なぜこんなことが起きたのか、容易に判断できない。神戸の少年事件とか毒入りカレー事件などは、事実はわかっても、なぜそういうことが起きたのかとなると難しい。

こんなとき、「人殺しは悪い。やったヤツが悪いに決まっている」と言ったらどうなるか。これは正論だから異議のはさみようがない。

「それはそうだね」でおしまいにするしかない。それにしてもコイツはほんとうに「いい人」だなということになる。

正論なんかいらないのだ。そんなものを聞きたくて議論しているわけではない。そこから始まる不透明な世界について知りたいのに、正論が出ればいつまでたっても先には進まない。にもかかわらず正論にこだわる。だから「いい人」は退屈なのだ。

「いい人」と思われることが弱点になる

結局、「いい人」はごくふつうの人だ。あらゆる意味で平凡で曖昧だ。

いまも10年先もきっと同じ生き方をしているんだろうなと思わせる人だ。

ただ、周囲がその生き方をいつまでも認めるかはわからない。

たとえば、企業がリストラを本気で考えたとき、いちばん最初のターゲットにされやすいのがこういうタイプではないか。

印象的でないし、反抗的でもない。会社の窮状《きゅうじょう》を膝詰《ひざづ》めで訴えれば首を縦に振ってくれそうだし、退職金の減額にも強く抗議しないように見えてしまう。

そういう点では、ギリギリのところで利用されやすいのも「いい人」の特徴だろう。

旧国鉄の債務《さいむ》を、煙草《たばこ》税を上乗せして払っていこうと決まったとき、一愛煙家の投書が新聞に載った。

「何回も禁煙をしようと思ったけれど、そのつど失敗した。自分はどうも意志が弱いんじゃないか。愛煙家のかなりが禁煙に失敗しているとしたら、愛煙家というのはどいつもこいつも自分も自分で律することができない弱い人間のようだ。

こういう人間なら理不尽《りふじん》な値上げでも文句は言わないだろう、そう政府が思っているような気がする。

だから政治家の思いどおりになってやらない、今度こそ禁煙してやるぞ」

そういう主旨の投書だった。愛煙家が「いい人」だとも意志薄弱だとも思わないが、世の中はいちばん弱い部分、反抗しそうもない部分がババを引くことになっている。

ババなんか誰だって引きたくないだろう。

「いい人」は前に書いたようにタテマエに弱いし、本音を抑えて周囲に迎合してしまうし、周りの期待にはそむけない。自分を嫌いになってまで周囲に好かれたいと思っている。

ところが世の中、ババを引いてくれてありがとうと思っている人間が必ずどこかにいるのだ。

そろそろ「いい人」と思われること自体が弱味だと知ることだ。損な生き方だと悟るべきだ。

現場には
現場の仕事があり
その上にはその上の
仕事がある
働く座標が
変わっただけで
仕事という代物は
尽きることがない

何だか虚《むな》しい気がする
ふう

第2章

人生は「70パーセント」で乗り切れ

どこに「自分探し」の自分がいるのか

生きる作業とはほんとうの自分を探し出す作業のことだろう。わからないままに生きながらも、歩みを進めるうちにほんとうの自分の輪郭《りんかく》が少しずつ見えてくる。それが生きる実感を生む。

けれども「いい人」を目指すとその実感が薄れてしまう。「いい人」に近づけば近づくほど、ほんとうの自分が姿を消してしまう。

中流志向というのは、みんながみんな「いい人」になりたいという志向だった気がする。人並みの生活、人並みの恋愛、人並みのレジャーをみんな求めていた。そここに幸せであれば人生はおおむねよしとする。しんどい人生より、おもしろおかしくだ。

この生き方に不都合なことは何もない。

将来もずっとこのままでいくに違いないという思い込みが加われば、それが幸せになる。

その幸せはあきらめと言い換えてもいい。多くのことをあきらめれば小さな幸せはすぐにでも手に入る。そのわかりやすさがいやだ、きっとどこかに別の自分がいるはずだと思うのが「自分探し」だったのではないか。

自分探しとは、平均を嫌う自分を励《はげ》ますことだった。平均でない自分がどこかにいるはずだと思うことだった。

自分探しの自分がほんとうにいるのかいないのか、これはけっこう難しい問題だが、ぼくはこう思う。

出会いたい自分はたしかにいる。その自分がレーサーだとか作家だとかブティックの経営者であるというのは外見にすぎないし、大した問題ではない。

出会いたい自分は何かに夢中になれる自分だろう。充実できる自分だろう。そして好きになれる自分だ。充実できれば、アルバイターだろうが脱サラして志願した漁師でもいい。

逆に見てみる。自分探しを始めたいと思っている自分とは何か。これもサラリーマンだとか店員だとか、そういうことは外見にすぎない。要するに自分探しをしたい自分は、夢中になるものがない自分だ。充実していない自分、あまり好きでない自分だ。

結局、ほんとうの自分とか自分探しの対象となる自分は、何かに夢中になっている自分だ。夢中になれることが幸せなのだ。

たとえ社長になれても夢中になれなければ、それは探している自分ではない。夢中になれる自分とは、個性をうまく表せる自分だ。「いい人」にはそれがない。平均値がそのままあてはまってしまう。「いい人」は自分を単純化しすぎていないかと書いたが、周囲はその単純明快さに安心する。わかりやすい人はつき合いやすいからだ。

自分が夢中になれるかなれないかではない。世間がいいと言えば、それでいい。世間が褒《ほ》めてくれれば自分もその気になる。実に明快だが単純すぎる。

「いい人」という評価は周囲がするわけだから、周りがいちばん理解できるのは、アイツはオレと同じだと思わせることだろう。何かに夢中になるのは、他人にはわからない自分の中の気持ちだから、周囲には一層わかりにくい。

周囲の人にアイツのことは100パーセントわかる、だって自分と同じだから。そう思わせるのが「いい人」の資質だろう。

ところで、ぼくはこの１００パーセントにこだわりたい。

現実には１００パーセントという数字は人生にあり得ない。誰かを１００パーセントわかることは不可能だし、自分自身だって１００パーセントは理解できない。

そこをあえて思わせてしまうほど、周囲に溶け込んでいるのが「いい人」だ。「いい人」というレッテル一枚で説明がついてしまうほどみごとに同化しているというしかない。

その時　キミは
「わかりません」
と答えた
何故だ？
PARKING GUIDE

キミは今まで
どういう仕事を
してたんだ？

人生には30パーセントの闇《やみ》がある

だからこう考えるべきだ。

人生のことも他人のことも自分のことも全部はわからない。どんなにわかっても70パーセント止まりで、あとの30パーセントは闇だ。

この場合の数字は厳密に見るのでなくだいたいの線というほどに理解してもらいたい。

自分で自分のことはわからないのだから親兄弟のことも全部はわからない。もちろん上司や同僚もどんなに理解しても70パーセント止まりだ。もっともわかっているはずの恋人だってその線を越えることはない。

あらゆる人がそうなのだから、「アイツはこういうヤツだ」という言い方にはウソが入る。それはたんなる断定であり思い込みだ。

人生もそうだ。これからどうなるか誰もわからない。大船に乗っているつもりでいてもいつ引っ繰り返るかわからない。もともと将来とはそういう性質のものだろう。

わからないというのは、悪いことばかりではない。ひょっとするとすごくいいことかもしれない。恋人の中のわからない部分がキミを惹《ひ》きつけるのと同じで、生きる楽しさはわからない部分が支えてくれる。

だから、わからない部分には不安もあるし期待もある。そう考えるのが一人の人生だろう。すべての人にとって、人生は本来、スリリングなものなのだ。

自分探しは、自分の中のこのわからない部分を探す旅のようなものだ。

平均に安住し、周りの人にあの人は自分と同じタイプだから、考えていることはほとんどわかると思わせてしまうのは、思うほうも思わせるほうも100パーセントという数字のマジックに乗っている。

「いい人」のひと言で表せるキャラクターなんてほんとうはいないのだ。

100パーセントいい人も100パーセント悪い人もいない。誰の心の中にもわからない自分がいる。

こう考えてみたらどうだろう。

自分の中の70パーセントは「石」だ。そして30パーセントは「風」だ。

自分の中の変わらない部分は石のようであっていい。頑固であっていい。常識人であることに誇りを持っていい。石は世間と折り合う生き方だから、そこはきっちりやる。

だがそれは70パーセントだけでいい。100パーセントにしてしまえば、進歩も意外性も夢もなくなる。そこに安住するもしないも自由だが、生きる手応《てごた》えが得たければそこを飛び出すしかない。

自分の中には「風」もある。どこに吹いていくかわからない風だ。自由な生き方を求める自分だ。何かになりかわるかもしれない自分だ。そのことだけは信じよう。

自分の中に「いい人」でない誰かがいる

自分の中にわからない自分がいると書いた。

わからない自分というのは、パンドラの箱だろう。可能性もあるし、都合の悪いことやあってはならないこともある。でも箱を閉じたままで生きるのはあまりに臆病《おくびょう》な人生ではないか。

ともかく30パーセントという数字がイメージする世界は捉《とら》えどころがない。だから人生は波瀾《はらん》に富んでいる。ひとたび箱を開けば予想外の人生が始まる。

性格分析というのは、いま現在の性格を言っているにすぎないし、個性とかキャラクターもいま現在の自分を説明するだけだ。

人間が変わるということ、なりたい自分になれるということは、自分の中にわからない自分がいるということだ。

誰にも認められる「いい人」なんてほんとうは表面にすぎない。山で言えば一方向から見たにすぎない。山は見る方角によってかたちが違う。人間も同じように複雑だ。どこから見ても同じ自分なんているはずがない。

あの人は「いい人」だというのは、どこから見ても同じだということだろう。毒にも薬にもならないというのも同じニュアンスだ。

自分を平均以上にするのも、以下にするのも30パーセントの自分だ。

自分探しの自分も、なりたい自分になれるのもこの30パーセントの見えない部分を見ようとすることから始まる。

そこを信じさえすれば、ぼくらはどのような未来でもとりあえず自分で手にすることができる。

宝は自分の中にあるのだ。何が入っているかわからないが、だからこそ明日の楽しみがある。

自分を卑下《ひげ》することもないし、周囲におもねったり、無理に笑いを取ろうなどと思わなくていい。

「男子三日会わざればすなわち刮目《かつもく》すべし」という。人は3日でも変わるときは変わる。変わろうとすれば何かが変わる。だからいま目の前に立っている人間が3日前の人間と同じだと安易に思ってはならない。

これも可能性のことだろう。「いい人」はこの可能性を感じさせない。

「いい人」は周《まわ》りがそうあるように期待していると前に書いた。「いい人」は理屈から言えば変わってはならない。角を現さないことで周りの安定剤になっているからだ。激しく変化し続ける世の中で、変わらないものは気が休まる。

「いい人」は他人を騙《だま》さないし出し抜く心配もない。どこか遠くに行って、想像もつかない幸せを手に入れる可能性もない。ドラマを感じさせないのだ。

ぼくは売れる漫画家でずっときたわけじゃない。売れない時期は当然あった。そういうときでも、描きたいことだけを描こうという自分の中のけじめに従ってきた。読者受けするためにとか編集者の顔色をうかがうことはしなかった。

それをすれば「いい人」になれたはずだ。でもこう言われるのが怖かった。「いい人だけど、個性がない」。これは漫画家としては致命傷《ちめいしょう》だろう。

それをしなかったのは、自分の中のわからない部分を信じたからだ。「風」を信じたからだ。

永遠の愛なんてウソっぱちだ

恋愛とか結婚はともかく心が浮き立つからつい永遠の愛を口にすることがある。

永遠というのは、100パーセントということだろう。100パーセントこわれることのない愛を誓《ちか》うのが永遠の愛だ。

でも、これはウソだ。人生のことはすべて70パーセントしかわからないとしたら、愛も全力でかつ誠意をもって誓っても限界がある。

将来何が起こるかわからないけれど、この愛が続くように努力する。そういう言い方なら30パーセントの闇《やみ》を見据《みす》えている。ロマンチックではないが、真実はこっちのほうにある。

極端な例がある。

妻から見れば大人であるはずの夫が、子供ができてから「赤ちゃん返り」してしまう。

愛の対象が自分ではなく赤ん坊であることがわかった瞬間、一挙に退行して、赤ん坊になってしまう。甘えて妻の関心をつなぎとめようとするのだ。

妻の変化は、30パーセントのわからない部分から始まっている。妻になる女性を100パーセントわかったつもりになっていたことが大きな間違いだった。

冷静になればそれは予想された変化のひとつにすぎないのだ。

愛にはいい意味でも悪い意味でもウソが混じる。わかり合えたと思うのも、永遠に愛が続くと思うのも、実は70パーセントのものを100パーセントだと思い込んだ結果にすぎない。

自分では気がつかなかっただけで、実はそう思うことで自分自身をもごまかしている。

人生のことはどんなに努力しても全部はわからないのだ。そう思わなければ変化に対応はできない。事が起きてからうろたえるしかないだろう。

覚悟を持つことが子供に安堵《あんど》感《かん》を与える

子供も同じだ。

小さいときからずっと面倒を見てきたから、コイツのことは親の自分がいちばんよく知っているというのは、100パーセントわかっているという幻想にすぎない。

「おまえのことはわたしがいちばん知っている。悪いようにしないからあの学校に行きなさい」

よかれと思い激励《げきれい》したのに、子供はそれを重荷と感じて、グレたり家庭内暴力に走ったりすることがある。

わが子とはいえ、わからない部分があると思っていればそこまでこじれることはなかったはずだ。

むしろ、学校に行こうが行くまいがキミの人生はキミのものだから好きなようにしろと言ったほうが、子供が生き生きする。

これは子供のことを100パーセントわかっていないという前提があってできることだし、子供は子供で自分でもわからないものを感じているから、親がそこを含めて温かく見ていてくれるという安堵《あんど》がある。

無責任と言われようが、「キミはキミだ」と言えるほうが、親と子の距離感がまっとうなのだ。そしてそこには人生に対する覚悟がある。

家庭そのものがつねに何パーセントかの崩壊の危険性を孕《はら》んでいると思ったほうがいい。そう思えば覚悟が持てる。何が起こっても半狂乱にならずにすむ。

「うちの子に限って」とか、「わが家に限って」というのは、100パーセントわかったつもりになっているにすぎない。そこには覚悟のひとかけらもない。

「自分がわかる」ことはわからないことを知ること

大人になるというのは、自分がわかることだ。

自分がわかるということは、自分の人生はもちろん、人間関係がわかることだ。いまの自分の力量が客観的にわかることだと言い換えてもいい。

まず自分がわかること。

そのためには自分には30パーセントのわからない部分があることを理解することだ。自分がわかるということは、わからない自分がいることを知ることだ。

そのわからない部分を背負った自分が歩いていくのが人生だから、人生には不可知があって当然だ。

そのことを知って初めて覚悟が生まれる。出発点はそこにしかない。

つまりどんな境涯《きょうがい》であっても、自分は自分であり続けようとする。それが芯を持つということだ。

いまの自分にとってはっきりしていること。たとえば、事業がうまくいっていることや温かい家庭を築《きず》いていることは、たまたま、いまそうなっているだけでいつ霧《きり》の中に入るかわからない。

成功はたまたまにすぎない。失敗も同じたまたまにすぎない。そう思いきわめて初めて自分を知ることができる。

成功を永遠のものと思えば、自分が見えなくなる。そうなれば傲慢《ごうまん》にならざるを得ない。

わからない部分は自分の中にも将来にも、どんな人間関係の中にもあることをまず腹でわかることだ。そこがわかれば謙虚になれる。

おもしろいもので謙虚になった途端にわからないことが少しずつわかってくる。謙虚になれることは、自分自身に対して間を取れるということなのだ。怒ったり、恨《うら》んだり、妬《ねた》んだりする自分に距離をおいて冷静に眺《なが》めてみるということだ。

すると、周りの期待にそおうと思ってつい「いい人」をやってしまう自分も客観的に見えてくる。誰に対してもいい人でいようとするときに演じるウソっぽさもわかってしまう。

そこが見えてきたら「いい人」なんてやめてしまえばいい。平均なんてどうでもいいことだし、周りの人に過剰に気をつかうこともない。

そこからほんとうの自分への道が始まるのだ。

自分がわかることが大人になることだ。実年齢なんて関係がない。30歳だろうが40歳だろうが、自分がわからない人間は未熟だし、そういう人に限ってわかっているつもりになっている。

10代でも20代でも自分の中にわからない自分がいることがわかれば、すでに大人なのだと思いたい。

人生は迷路のようなものだ

地図を見るのが好きだ。道路をずっと辿《たど》ってみることでいろいろな発見がある。

一本の道はいつの間にか別の道に入ってしまうし、終着がどこかがわからない。

右に行けば太平洋に出、左に行けばその先には日本海。そのくせずっと辿っていくと道は全部つながっている。

人生もこれと同じではないか。どこに達するのかわからない。あるときのちょっとした好奇心とか選択とか決断が、思いもかけない道にぼくらを連れていく。そのくせ辿りつくところは同じだ。〝満足している自分〟か〝不満足の自分〟かだ。

大会社で一生を終えるつもりだったのが、思いもよらなかったラーメン屋をやっていたとか、公務員で終えるつもりが陶芸家になっていたとか、コンピュータ会社で働くことを夢見ていたのに、いつの間にか居酒屋の親父になっていたとか、人生はいろいろだ。

そのままコンピュータ会社にいたら、今ごろ、若い技術者に追いかけられたり、リストラに怯《おび》えていたかもしれない。居酒屋の親父になれば、えらい人もえらくない人もみんなひと括《くく》りに「お客」になってしまう。それで商売が成り立てば、この生き方は楽しいだろう。

計算どおりにいかないから人生はおもしろい。何もかもが予定したとおりの人生なら、未来もそこに至る毎日も、大過なく消化するだけの時間になってしまう。

「いい人」はそれで満足かもしれないが、ぼくはいやだ。キミだっていやだろう。それが偽《いつわ》りのない本心のはずだ。

人生の目的は楽しくすごすことだ。気持ちよく生きることだ。金持ちでも楽しくなければ目的を見誤《みあやま》っている。貧しくても楽しければその道は間違いではない。

どんなにいまの境涯が最初の目標から離れていても、死ぬとき、「まあ自分の一生はおもしろかった」と思えればそれでいい。人生はそうなっている。どんな道を歩いてもその境地に辿りつけば、すべてよしだ。

だからどこかで計算を間違えることは不幸ではない。どこに出るかがわからないのがもともと人生なのだ。

上がりはわかっている。「楽しかった」とひと言言えればそこが上がりだ。だから、そうなるようにがんばればいいだけだ。

幸福とは何だろうかと考えてみる。楽しかったと思える人生は幸福だろう。

そのひと言が言えれば、それまでの苦労は泡《あわ》と消えてしまう。世間から見れば悲惨とか不幸な境涯であっても、最後に「楽しかった」のひと言があれば、その一生は幸福なのだ。

楽しいか楽しくないか。これは気分だから結局人生は「かたち」ではないことがわかる。気持ちの持ち方だということがわかる。

幸福というのは財産とか地位には関係がない。幸福の正体は幸福感なのだ。幸福感なら、どこにいても何をやっていても楽しくやっていれば感じられる。30パーセントのわからない部分を追っていて、結局自分が何になりたかったのかわからないとしても、ともかく自分に賭《か》けてみた、自分を信じて夢中になってやってきたと思えれば、それが幸福だろう。

世間が見てどうかではない。自分の気持ちを偽ってまで、周りに合わせようとすることが幸福かどうか。問われているのはそこだ。

異質なものをそのまま受け入れるのが大人

ぼくが会社を辞めるとき、とにかく辞めるなと言ってくれる人がいた。彼の考える幸福のかたちとぼくがイメージするそれがおそらくずれていたのだろう。間違った方向にさまよい出るのではないかと心配してくれたのだ。

いまから思うとこの人は「いい人」だった。「いい人」だけど、ぼくは自分の道を歩きたいだけだから放っておいてくれ、それが当時の気分だった。

「いい人」は周りに自分と同質である安心感を与えてくれるから歓迎されると書いたが、自分自身も同化しようとひたむきになる。

だから、会社を辞めるぼくが、異質の世界に行ってしまうのではないかと心配してくれる。異質か同質かについてとても敏感なのだ。

ぼくは異質はあって当然だと考えている。

「いい人」は人はみな同質だと思っているから、たとえばケンカは即仲裁するものだと思っている。みんな同じ仲間じゃないかと思っている。

自分の中にすらわからない自分がいるのだから、人とまったく同じになろうとしても無理がある。みんな仲間で同質だというのは、幻想にすぎない。

異質はたしかにある。異質だから反目《はんもく》し合い、ケンカする。

異質なもの同士が自己を主張し、そしてわかり合おうとするのがコミュニケーションだ。オレとおまえは違うという前提があり、その違いがぶつかり合う。それがケンカだろう。

ケンカは良くないというのは正論すぎるほど正論だ。でもぶつからなければわかり合えないことは山ほどある。「おたがい同じ日本人じゃないか（同質じゃないか）」「同じ職場じゃないか」というのは問題を隠蔽《いんぺい》するだけだろう。

出る杭《くい》が打たれるのは、異質をハッキリさせてしまうからだ。みんな同じ価値観の同質社会なのに文句を言うなというのが、出る杭をいやがる原因だろう。

異質なものを異質なまま認めてくれるのが、ほんとうの大人の社会だ。社会には当然いろいろなタイプがいていい。そういうことが誰にもわかってきた。

同質を求め、みんなに同じ戦力を期待し、期待されるほうもそれにそうようにがんばってきたのがこれまでの日本の社会だった。長いひとつの時代が終わったのだ。

けれども「いい人」にはまだ誤解があって、異質なものを単なる差別化と考えてしまう。同じ土台の上に、ちょっと違った個性を持たせることがおしゃれだと考えてしまう。つまり、人とは違っていることに喜ぶ。

そんなものは異質ではない。同質の人間が10人集まっても10の色があるというだけで、当たり前のことなのだ。決してぶつかり合うことのない10の色というのは、結局はそのまま「いい人」の色となってしまう。

異質をほんとうに認めるなら、まず自分が出る杭になる。あるいは、周囲の出る杭を嫌わない。この程度のことはサラリと実行できなければ話にならない。

そして、その気持ちは必ず言葉に出せ。面と向かっては何も言わないくせに、心の底ではそうじゃないよ、違うよそれは、と呟《つぶや》いているのもひとつの曖昧さにすぎない。

どっちにしろ俺はそんなことには興味ないね
第一大泉さんに聞いただろう?

まいいやとにかく俺は そういう自分を何かにハメこむようなことはしたくない

第3章

「悪い人」の人生はおもしろい

ダンディズムをなくしていないか

極端に言えば、いさぎよくない「いい人」よりもいさぎよい悪人のほうが人間としては魅力がある。

グレていようがダンディズムがあれば一片の華《はな》がある。

いまの日本人に足りないものがこのいさぎよさだろう。

人の悲鳴を聞けば足早に遠ざかって、かかわりあいになることを避ける。

電車の中でお年寄りに席を替わるべきだろうと思うが、そのタイミングをつかめずに、居眠りのふりをする。

女性にふられた男がストーカーになってつけ回す。過剰接待というのもある。ノーパンシャブシャブを要求した役人がいたが、「今日はお父さん、接待でノーパンシャブシャブに行ってきたよ」と子供に言えるだろうか。言えるはずがない。

おそらく当人たちは、こんなこと誰もがやっているはずだと思っている。つまりいさぎよく生きない男たちが日本の主流になりつつある。

いさぎよさがなくなれば、そこに残るのは甘えとエゴイズムだろう。バブルのころはこういう男たちが羽振りをきかせていた。声高《こわだか》に金儲《かねもう》けの話をする男たちに、生きるうえでのいさぎよさなど望むべくもなかった。

いまは口を拭《ぬぐ》っているが、同じような状況になったらまたやるに違いない。インサイダー取引なんてチャンスがあるならやらないほうがおかしいと思っている。

男は心の中に鋭利なナイフを持てとぼくは思う。そのナイフで、甘えた自分、砂糖にたかりたがる自分を切り捨てるのだ。

そういうヒリヒリした感覚を、穏《おだ》やかな風貌《ふうぼう》の底に秘めてこそのダンディズムだ。そのナイフを見失っていないか。

接待は日本の文化のひとつだし、人間関係を円滑《えんかつ》に進めるために必要なものだということは認める。

だが、接待を受けたりしたりする場合にもいさぎよさの有無がある。

接待する側に甘えたり、接待にことよせて自分もいい目をしたいと思うとき、そこに甘えがある。そういう甘えを断つ気概《きがい》を持つことがダンディズムだろう。

実際に欲だけで動くいさぎよさを失った男をたくさん見てきた。身銭《みぜに》では絶対に注文しない高級シャンパンを景気よく開け、何万円もする松茸をお代わりする。高級料理店や寿司屋をこちらから指定する。これはあさましくないか。接待するときもされるときも、身ぎれいであるべきだ。

今日は私がよく行く店に招待しますと言って、場末の赤提灯《あかちょうちん》とか裏通りのバーに入ったっていいのだ。これぼく好きなんですといって1杯400円の焼酎を勧めたっていいのだ。若い女性のいる店より頑固な親父が宙をにらんでがんばっているような店だっていいのだ。

接待に慣れることで身銭を切る感覚を忘れ、きれいに飲むことを忘れてしまうことが問題だ。

いさぎよさとは、男がいついかなるときも失ってはならない感覚だし、よりどころとする芯だ。理想論とか正義ではないから人に強制するものではない。いついかなるときも自分が忘れなければよい。

「いい人」にはいい人の行動パターンがあると思うが、周囲が何と言おうといさぎよささえ失わなければ「いい人」と言われなくてもいいのだ。

過剰な接待を当たり前のことと思う業界の常識よりも、このやり方はオレ流ではないと言って、いつでも立ち去れる男になれ。

「悪いこと」だからといって否定するな

いさぎよさこそ男の芯であるべきだと書いた。

最近こんなことは誰も言わなくなった。家庭でも学校でも、教わるのは正しいことをしなさいということだろう。

でも何が正しいかを教わったからといって、誰もがそれを実践できるとは限らない。

正義と正義感が必ずしも一致しないからだ。

正義は誰でも口にするけれど、正義感は腹でわかるものだから、誰もが感じているとは限らない。

口では正義を唱《とな》えながら、反対のことをする大人は掃《は》いて捨てるほどいるではないか。

数を権威として弱者をいたぶったことはないか。立場を利用して私欲に走ったことはないか。

どれも行動にいさぎよさがない。いさぎよいというのは、自分を自分がしっかり見ているという感覚だ。それも自分を甘やかさない感覚だ。

「誰も見てないのならそういうことを平気でやるのかオマエは」。こう問いかける自分が自分の中にいる。

その感覚があるからいさぎよさは十分に行動の芯となる。

世間で言う「いい人」は常識人だ。でもいさぎよいかそうでないかはまた別の話だ。日ごろやりたいことをやり、言いたいことを言う男のほうがイザというときいさぎよかったりする。そういう男を世間では「いい人」と見ない。

清濁併《せいだくあわ》せ呑《の》むという。

実はこの言葉には続きがある。清濁合わせ飲んで濁を吐き出せというのだ。

濁を飲めるというのは融通無碍《ゆうずうむげ》ということだろう。そのうえ、「濁」を吐き出すのは、たとえグレても立ち直れるということだろう。グレることで経験の幅を広げているのだ。

その結果の「清」ならば、それは深みのある「清」だ。

グレるというのは横道にそれることだ。勉強で言えば、自分の専門以外のことばかりやることだ。専門しかやらなければ専門バカにしかなれないが、専門以外のことをできるだけ多く学んだ人には、いつか視野の広さが加わる。

最初から「清」だけしかやらないというのは、間違いではない。

でもそれが正しいかどうかは別だろう。魅力があるかどうかも別だ。むしろ、清濁併せ呑むいさぎよさで行動するほうが人間はおもしろくなる。

会社が決めるのではなく、自分で決めろ

たとえばインドを半年間歩いてきたいと思う。

学生のときならいざ知らず、社会人になったら簡単には時間が取れない。

長期休暇が取れないからといって、あきらめてしまっていいものか。

こんなとき会社を辞める自由があることを忘れてはならない。自分の行動の基準は

自分にあって他にはないということを忘れてはならない。

上司や同僚から見れば、会社と旅行を天秤《てんびん》にかけるのはたんなるバカにしか見えないかもしれないし、妻がいれば職探しの難しさを理由に反対するかもしれない。

でも決めるのはキミ自身だ。上司や同僚、妻の意見は意見として聞くが、決めるのは自分でなければならない。

そうすれば、たとえ旅行をやめたとしても夢がつながる。いま行けないとしてもいつか行ってやるという気持ちが熾火《おきび》のように残る。

そのことが大前提だ。

そのうえでぼくなら行くほうを選ぶだろうと言いたい。ましてキミが20代なら絶対に行くべきだ。

まず、これからの長い人生の時間を考えれば半年はとても短い。だがこの半年の重みは計り知れない。体験の広がりが有形無形の利益をもたらしてくれるはずだ。

これはツアー旅行でなく、自分で計画した旅行をやりとげたことのある人間でなければわからないだろう。

キミがいつも見ているのは同質の人間ばかりだ。会社の人間も妻も友達も、例外はあるにしろ日本人ばかりだろう。街ですれちがうのも店で同席するのも日本人ばかりだ。同じ文化を持ち、同じ価値観の中にいる人間ばかりだ。

ぼくらが生きていくということについて考えてみる。人生の目的は自分を知りたいということだろう。自分の中のわからないものを含めて、自分とは何なのかを知ろうとするのが人生ではないか。

そのとき、日本人であるかないかはほんとうはものすごく大きな問題なのだ。そのことを含めてわかろうとしたら、日本人以外の人間のなまの生活や考え方を知らなければならない。

日本人は食事のときお碗を手にもつ。それが正しい食事の仕方だ。だが韓国ではお碗はけっして持ってはいけない。日本では正しいことでも外国に行けば間違ったことになる。そういうケースは文化のさまざまな場面に及んでいる。

それを知ったとき、キミは「相対」ということを学ぶ。なにごとも絶対なものはない。何が正しく何が間違っているかは相対的なものにすぎない。

キミがたとえ周囲から「いい人」と言われていても、別の価値観から見たらそうではないかもしれない。

体験は何ものにもかえがたいのだ。その半年でキミはきっと20年分の苦労をするだろう。

世間には誤解がある。子供から大人への移行は時間とともにすんなり進むという誤解だ。実はそんな簡単には移行できない。流れるように大人になることなんかできない。

そこにはけじめが必要なのだ。自分にしかわからない小さなけじめかもしれない。万人が認めるけじめかもしれない。昔でいえば元服《げんぷく》のようなものだ。あるいは世界各地に存在する通過儀礼だ。

失恋がきっかけになるかもしれない。圧倒的な人物との出会いかもしれない。自分が立てた目標をクリアすることかもしれない。あるいはひとり旅だ。

多分、インドに行こうと思ったときがそのときなのだ。人には無茶でも断固としてやらなければならないことがある。いま持っているものをすべて犠牲にしてもだ。

「いい人」という曖昧《あいまい》さに若いときから浸《つ》かっているわけにはいかないだろう。

そういうことを知ることが体験の幅を広げるということだ。だから20代の好奇心に歯止めをかけるな。自分のことは自分で決めるというクセをつけたい。

6th St

窓際族の持つ強さ、魅力を知る

わからない部分があるのが人生だ。だから何でもわかったふりをしてはいけない。窓際族が組織の落ちこぼれであることは、誰でもわかっている。それでもキミが若ければわからない部分はある。

かれらはなぜ耐えられるのか、何が生きがいなのか。あの淡々とした居ずまいは、どこから生まれるのか。そういうことは即座にはわからない。

「つき合っても得にはならない」と言って切り捨てるのは、わからないものをわかったつもりになっているだけだろう。

〝わかり得ることは明晰《めいせき》に語らなければならない。わからないことは沈黙しなければならない〟

哲学者のウィトゲンシュタインという人がこんなことを言っていたと記憶する。平たく言えば、わかっていることは曖昧にしてはいけないし、わからないことをわかったつもりになってはいけない――わからないものには謙虚になれということだ。

どんなことでもわかっている部分はせいぜい70パーセントぐらいだろうと前に書いた。

たとえばキミが大嫌いな人間だ。キミはその人間のことがすべてわかったつもりになって、嫌いになっているはずだ。

だが、ほんとうにわかっているだろうか。わからない部分、見えない部分を見ないようにしているだけではないか。

わからないことは沈黙するのが誠実さだろう。

「自分が嫌いだ」というのも同じことだ。キミの中にまだわからない部分があるのに嫌いも何もない。

自分で自分がだんだんわかっていくのが人生だから、わからない部分があって当然なのだ。

すべてに対して好奇心だけは絶やさない、レッテルを貼らない、そしてわかったことは明晰に語れなければならない。

嫌いなヤツを嫌いというだけでは明晰に語ったことにならない。それを語り尽くせるほど知ろうとしたかどうか。語り尽くせるほど知るのは至難の業だ。

だから、ぼくは世の中には非難したり否定できるものはあまりないと思っている。どんなもの、どんな人でも、知ればおもしろいと思う何かがある。その何かとつき合うのが人生のおもしろさじゃないだろうか。

「いま」に居直れ

「いい人」は水耕栽培《すいこうさいばい》で育てられた植物のようなものだ。

小学校のころ、フラスコに水を入れて球根を育てたことがあるだろう。透明な水に入れて日をタップリ当てて育てる。

あのころの農業は有機農業だった。汚穢《おわい》を畑にまいて育てた。臭いがすごかった。でもいやだとは思わなかった。あの臭いに力強さがあった。元気に育てよ、という明るさがあった。

人間も同じだ。水耕栽培のように育てたら、上品でいい子にはなるかもしれないが、生き生きした野性は望めない。自分の道を自分で切り開く気概は育たない。

年功序列が当たり前の時代だったら水耕栽培でも入社すれば過不足なく会社人生をすごせた。

でも秩序のタガが緩《ゆる》んでしまえば、多少でも汚い水を飲んできたほうが自分の将来を切り開くことができる。

大切なのはおろおろすることではない。どんな境涯《きょうがい》にも居直れることだ。「いま」に居直ることだ。

どこにいても何をやってもオレはオレだと居直る。それがいさぎよさだ。

リストラでどこかに飛ばされる。営業畑をずっとやってきたのにいきなり倉庫の管理とかレジ係をやることになった。

不安だし、心労も重なる。水耕栽培で育ってきたらそうなって当然だ。こんなとき、どこにいても同じだ、何をやっても同じだと思えるのが野性の強さだろう。

デンと土の上にあぐらをかく。そういう居直りだ。それができれば活路《かつろ》を見いだせる。居直ったところがつぎの出発点だ。

こんなはずじゃなかった、元に戻りたいと言い出したらいつまでも出発できない。

野性というのは、自分で歩いていくことだ。自分で自分を育てるということだ。

自分の道は自分で切り開く。野生動物ならみなそれをやっている。エサは自分で獲《と》る。失敗すれば死ぬだけだ。

護送船団方式《ごそうせんだんほうしき》がなくなろうが、終身雇用が崩《くず》れようが、リストラされようが、失職しようが、忘れてはならないのは、「いま」いる場所で爽《さわ》やかに居直れることだ。

恋も不倫も責任を持って爽やかにやれ

たとえ20代であっても50代であっても忘れてはならないことがある。

キミの中には中学生の自分も高校生の自分も棲《す》んでいるということだ。中学生や高校生ならわけもなく異性が好きになり、その人のことを思うと夜も眠れない初々《ういうい》しさがあるはずだ。

だから20代の男が突然恋にめざめるのも、50代の分別ある男が突然心の中に始まってしまった恋に驚くのもあっていいことだ。心の中ではじけたものを押し殺してはならない。

それが前提だから、始まった恋は断固として追いかけることだ。なりふりとか分別は関係がない。一途であり、誠実であればいい。

世間体が悪いというのもこの際忘れることだ。始まった恋をポーズを作って身をかわしてはいけない。

青春の感覚を大切にしたければ、そうするしかない。青春の感覚というのは心が揺《ゆ》らぐことだろう。

それはマンネリな生活には絶対にないものだ。いまのキミは、明日何かが起こるだろうと期待なんかしていない。

疲れたように生きるな、分別だけで生きるな。そう思うなら、始まった恋はとことん追いかけるしかない。

ただし、決して自分を裏切るようなやり方はしてはならない。それができないのなら、始まった恋も心の中に留《とど》めるしかない。

夫婦関係も長年続けば揺らぎがなくなる。相手を男だとも女だとも思わなくなる。そうなってしまった責任は両方にあるから、突然他の恋が生まれたのは両方の責任ともいえる。

ただし、生まれてしまった責任は双方にあるとしても、その恋をどうするかは自分の責任だ。

恋は自分の中に棲んでいる中学生とか高校生が起こしたものだが、もし離婚を決めるのなら、それは大人であるもうひとりの自分の責任だ。それがわかっているのなら前に進めばいい。

そのときの判断の目安が、自分を裏切っていないかどうかだ。妻とも相手の女性ともいい子になってつき合っていたいというのなら、これは自分をごまかしている。ものごとを曖昧なままにして、自分の都合だけを優先している。

不倫には必ずウソが入る。友達と飲むと言って家を出なかったか。妻とはすぐ別れると言わなかったか。

そのことに後ろめたさを感じないというのなら、キミはキミ自身を裏切っている。ひと言で言えばどうしようもない男に成り下がっている。

そういう自分が許せるか。ウソを言いながら続く恋には、いさぎよさも爽やかさもない。自分の都合だけで関係を続けるのなら、それはもはや恋ではないだろう。恋のかたちをした遊びにすぎない。だとしたら、恋でないことをしっかり認めればいい。

恋だとはっきり言えるなら断固として前に進めばいい。抱いてしまった恋心は消しようがないじゃないか。

世間から認められた「席」なんていらない

「いい人」でいることとは、周囲から受け入れられることだ。世間から「席」を与えられることだ。その「席」にいる限り、自分の弱さを隠せる。善意の顔に囲まれてすごせる。

「席」は会社にも家庭にも近所にもある。いったん座ってしまうと居心地がよくてそこを離れるのがいやになる。

「席」から離れられないのは、甘えではないか。世間にも甘えているが自分自身にも甘えている。

「席」といったって生涯保障されているわけではない。サラリーマンの席なら60歳前後になればなくなるし、父親の席だって子供が大人になればとりあえず座っている必要がなくなる。

ずっと保障された席なんかないのだから、いつそれを捨ててしまっても構わない。そう思うことがつぎの出発点になる。

大手銀行の支店長を辞めて植木職人になったとか、自営業を廃業して全国を旅して歩くようになったとか、席から離れてしまった男たちはいくらでもいる。

人間は怠惰《たいだ》にできているから、ほんとうにやりたいことがあっても、とりあえずいま座っている「席」が温かければ、立ちづらくなる。

とくに周りが善意の顔ばかりだと、腰が重くなる。「いい人」でいられることがなにより心地よい。でもこの「席」を手放したくないのは自分の弱さに甘えてしまっていることだと思え。

弱さを認めたところから、自分が何になりたいのか見えてくる。自分の中のわからない部分を少しずつ知ろうと思うようになる。

「席」を離れるのなら、早いほうがいい。

誤解されてもいいじゃないか

弱さがいちばん現れるのが、誤解されたときだろう。

身に覚えがないことなのにうろたえたり言い訳したりする。

誤解したいヤツは勝手にしろ。これがぼくのスタンスだ。誤解したい人間は、もともとこっちへの不信感というベースがあるのだ。今日誤解しなくても明日するだろう。明日でなければ明後日だ。要するに誤解は誤解する人間が作り出す〝物語〟のひとつにすぎない。

だから、反論したいときはこう言えばいい。「信じてくれていると思っていたけれど、どうも違うようだな」これだけでいい。

人生にはわかり合えない人間がたくさんいるから、あえて誤解を恐れずだ。信頼関係が薄いのはこっちだけの責任ではない。人を信じられるのは能力だ。この能力が弱い人とは信頼関係は築けない。

「アイツ2泊の出張に行っているが、あんなの日帰りでできるんじゃないか。どうせ遊んでいるんだろう」

事実は2日でも足りないぐらい、夜はホテルに籠《こも》ってずっと資料整理をしていた。この程度の誤解はいくらでもある。

「どうせ遊んでいるんだろう」というのは、ものの見方がいやしい。

だから、こう言ってやればいい。「遊んで何が悪い」。このひと言を爽やかに言えればキミの勝ちだ。たいていの誤解にはいやしさが潜《ひそ》んでいる。そのいやしさは突き放すかいなしてしまうに限る。それが格の違いということだ。

程度の低い誤解にはこのくらいで応じるのがちょうどいい。ただし本気で信頼してくれている人の誤解だけは恐れろ。なぜなら相手もそのことでキズついているからだ。

「信じていたのに」という気持ちは、足元の床がすっぽりなくなるような不安感を抱かせるものだ。だからその不安感を取り除かなければならない。

そのときも多くの言葉はいらない。世間ではこう思われているけれど、ほんとうは違うんだと言うだけでいい。

こっちが本気で信頼している人は、それでわかってくれるはずだ。ちょっとしたメッセージだけで、わかる人とはわかり合える。人間同士のつき合いは不思議にそうなっている。

バカなヤツだと思われろ

バカと思われるのは気楽なことだ。

「いい人」は自分のイメージを踏《ふ》み外《はず》せないが、バカは踏み外せる。何をやってもバカなら「あいつならやりそうなことだ」ですむ。

誰もがバカになれるわけではない。バカになれるのは稀有《けう》な能力だ。懸垂《けんすい》が50回できるとか、人を笑わすことができるとか、それらと同じ能力だ。だから、能力のない男は利口ぶることはできてもバカにはなれない。

世の中はみんな利口になりたがるし、利口なふりをしたほうが生きやすい。成績が良くて大学は有名大学、大会社に入社して給料は高い、そのうえ出世レースは順調だし美人と結婚したというのなら、こういう人は間違ってもバカにはなれない。

なぜか。利口になる能力が勝りすぎているからだ。バカになる能力が乏《とぼ》しいからだ。

この場合の利口とは上昇志向のことだ。上昇志向に淀《よど》みがないということだ。

上昇することはすべからくいいことだという価値観の中では、上昇しないものの価値はいい加減にしか扱われない。早く言えば無視される。

上昇志向に乗った人間がバカになれないのは、それも能力だと理解できないからだ。

上昇志向社会では、この競争に乗る人は「いい人」だ。だがややこしいことに、自分を蹴落《けお》とす人とかライバルになりそうな人は「いい人」とは言わない。すでにはるか後方にいて敵ではなくなった男か、決して自分を脅《おびや》かさないと見なした男が「いい人」なのだ。安心してつき合えるし寝首をかかれることがないからだ。

バカも競争社会では自分より下にいる点では同じだ。でもバカには利口の優位がわからない。そんなものは無価値だと思っているふしがある。土俵が別なのだ。

学生時代につき合って妙に忘れられないのがこういうタイプだった。

みんなが文学とか政治とか女の子のことで盛り上がっているとき、唐突にアリの話をしだす。芝生に寝ころがってアリを見ていたら、働くアリと働かないアリがいることがわかったというのだ。働きアリという言い方はウソだね、怠けアリもちゃんといるよなんて言う。

周囲は気にも留《と》めずにすぐに自分たちの話題に戻っていく。彼は地方に戻っていってそれっきりになったが、そのときの佇《たたず》まいや表情がありありとよみがえる。

人と同じ土俵にのぼらないすごさとは、孤独に耐えられるすごさだ。周囲とまったく別の発想をするすごさだ。

経営が行き詰まったとき、社長と同じ考え方の人間、同じ価値観の人間を後釜にすえても突破口にはならない。こんなときこそ、まったく別の価値観、別の世界を知っている人間が突破口になる。

みんなと同じ土俵にいてはわからないものがある。

だから、ときどきバカになった気になってみることだ。バカになって初めて見えるものがあるからだ。

もっともバカになるのは能力だから、少しずつ能力を磨くしかないのだが。

過剰適応していないか

「いい人」というのは周囲の評価だから周りに合わせようと無理をすることもある。自分を安っぽく売ってしまったのではないかという後悔はそういうときの感情だろう。そういう感情と無縁の「いい人」もいるが、たんに鈍感なだけだろう。

会社では有能社員なのに家族の前では口もきかないサラリーマンがいる。「疲れた」と言うだけで仏頂面《ぶっちょうづら》で新聞を読んだり黙って食事をする。

その逆もある。家族が相手にしてくれない。子供は何を考えているかわからないし、妻の関心は子供にしかない。

つまり家庭では気が休まらない。その反動で会社では過剰に生き生きしてしまう。有能だし、世話好きだし、円満で何も悩みがないふりをしてがんばる。とても「いい人」だと評判になる。

いずれにしろ会社の人間関係への過剰適応だ。過剰に適応することで、その疲れを家族の前でぶちまけるか、家庭のしらけた空気から逃れるかだ。

残業は喜んでやるし、酒のつき合いもとことん欠かさない。終電がすぎても腰を上げない。賑《にぎ》やかだしカネをけちらない。度を越せばこれらはすべて過剰適応になる。じっくり自分をふりかえるのがいやだから、みんなに受け入れられて気を紛《まぎ》らわせたいだけなのだ。でも、ほんとうはそんな自分が好きではないだろう。本音は「バカバカしい」と思っているだけだろう。

だから、こう言いたい。

過剰適応はやめてみたらどうか。そういう自分を突き放してしまう。残業は断れ。有能でなくてもいいし、つき合いが悪くてもいい。酒の席で盛り上げなくてもいいし、「いい人」という評判もいらない。それだけ守ればいまよりうんと元気になれる。

家庭でももっと気楽にぶつかればいい。気に入らないことがあったら怒ればいい。怒りという感情にもっと素直になることだ。

キミはいままで怒ったことがあったか。本気でぶつかったことがあったか。「まあいいさ」と言って自分をごまかしていなかったか。

怒りの感情だけではない。自分の感情はすべて隠さない。それが現実にぶつかるということだろう。

ぶつかる中でしかほんとうの適応は生まれない。

人間の心理は案外、単純だ。どこかに無理があれば、反動で別のところに負担がかかる。気分とか感情を我慢すれば、その反動がどこかに出る。ストレスになるのはそのせいだ。

そういうのはもういいんじゃないか。疲れて大変だろう。打算とか計算とかそういうものを一切消して、ひとりのタダの感情を持った男になってみることだ。

そのことに気づいたとき、おそらく「いい人」になろうとしすぎていたことにも気がつくはずだ。

俺は初めて
上に逆った

今後 俺の身が
どうなるかわからない
しかし後悔はしない
カツ
カツ

ケンカは大いにやれ

とりあえず「まぁ、いいか」はやめることだ。三度に一度は「よくないぞ」と頭《こうべ》を持ち上げる。

マアマアと言ってものごとを曖昧なままにしておくのが、日本では大人の態度と見なされる。文句を言えば大人気《おとなげ》ないヤツだと言われる。

「言わなくてもわかるじゃないか」「何も目くじら立てなくても」

どっちも文句が出たときの決まり文句だ。何しろ日本人は阿吽《あうん》の呼吸が理想だ。こっちが考えていることは相手もわかっているはずだという前提があるのだ。

だが、言葉数が少なくても通じるムラ（等質社会）などとっくにこわれてしまっている。共同体どころか家庭だってバラバラだ。それを知りながら言わないのが美徳だというのはおかしい。

ケンカは避けたいというのは当然だが、曖昧決着は気弱な選択のひとつにすぎなくなっている。

たとえばキミに部下がいるとしよう。部下にはキミに不満がある。でも部下は何も言わない。その不満をキミは理解できるだろうか。

ある日、部下が辞表を出す。「なぜだ」と聞いてみたらキミのやり方が気に入らないと言う。

こんなときキミは、辞表を出す前になぜひと言言ってくれないんだと大声で詰め寄るはずだ。言いたいことがあったらハッキリ言えばいいじゃないかと怒るはずだ。

退職金離婚も同じだと思う。愚痴や文句を言わずに長年家事をこなしてきた妻のことを、けっこう苦労させたと夫は思っているから、定年になったら退職金であっちこっち旅行に連れていこうと漠然と考えている。

その矢先に別れ話が持ち上がる。ついては退職金の半分をもらいたいという。この場合だって夫は不満があるのならなぜもっと前に言ってくれなかったんだと怒るはずだ。ひどいじゃないかと嘆くはずだ。

部下にしても妻にしても、そんなことを言っても耳を貸してくれないに決まっている、それがあなたという人間だと言うだろうし、本気でそう考えてきたはずだ。最後通牒《さいごつうちょう》を突きつけられたからうろたえているだけで、それ以前だったら何を言っても聞いてくれなかったはずだ。

やり方が気に入らないと言えば、文句を言う前に仕事をちゃんとしろだし、家事を手伝ってほしいと言えばオレは昼間働いているんだと答える。

それがわかっているから部下も妻も何も言わない。言わないことは文句がないからだという勝手な思い込みもあるだろう。さらに、言わなくてもこっちのことはわかっているはずだという思い込みもある。

要するに同じ釜《かま》の飯を食う会社の人間関係も一つ屋根の下の夫婦も、言わなければわからないことだらけなのだ。

どんなことでもわからないことがあるというのが、人生とか人を考える際の前提だった。

それが前提だから、言うべきときにはちゃんと言うべきだし、そのことでケンカになることも非難されることもやむを得ない。

言わない意見はアブクと同じだ

前項を続ける。言わなくてもわかると思ってはいけない。駅で会おうといっても西口か東口かは話さなければわからない。いつもあの人は西口を使っているから西口だと思うことが間違いの始まりなのだ。

そう、「言うべきことは明晰に、言えないことは沈黙すべき」だった。

夜の酒場でサラリーマンがさかんに論じているのは、会社のことか上司のことと相場が決まっている。

会議で言えなかったことや面と向かっては言えない上司への文句で盛り上がる。

そんなことなら、会議で言えばいいじゃないか、上司に直接ガツンと言ってやればいいじゃないかと思うのだが、こう反論される。

言えないことを酒場で吐き出しているのだからそれでいいじゃないか、誰にも迷惑をかけていないのにどこが悪い。

でも陰で言う文句はそれで終わらないのだ。聞き役の同僚や部下まで巻き込むからだ。不平不満に同調者が現れると、澱みは増幅するしかない。

言えないことなら沈黙すべきだとぼくは思う。そのほうがいさぎよいし、沈黙にはもっと積極的な意味があるからだ。

まず、言えなかった意見や文句は〝賞味期限切れの食品〟と同じなのだ。期限が切れた意見だから、もはや何の力もないと思うべきだ。せいぜい酒場で少し息を吹きかえすだけの過去にすぎない。

言わなかった意見はすでに力を失っているのだ。そう思い切ると不思議なことにその意見や文句が色褪《いろあ》せて見えてくる。

言いたくても言えないような意見や文句は、しょせん大した意見でなかったことに気づく。これが沈黙することのよさだ。

ほんとうに言いたいことなら、万難を排して言うだろう。そこまで思い切れなかったのは、大した意見じゃなかったのだ。

言わなかった時点ですでにキミは負けているのだから、それをズルズル引きずるべきでない。言えないことからくるわだかまりとは早く別れろ。

不平や不満は、言うべき人がいないところではいくらでも増幅される。出口のない感情は心身に悪い。第一、爽やかさがない。

ぼくは自分の中に澱む感情と爽やかに別れられるのが自立した大人だと思う。

逆に言えば、爽やかに生きようと思ったら言うべきことは言ってしまったほうがいいのだ。出る杭は打たれるとしても、言えばその場で終わる。

生意気に思われようが、言ってしまえば期待する結果が出なくても、少なくとも自分の中では終わる。言われた上司が根に持つかもしれないが、それは上司の問題だ。

言えない意見、言わない意見はもはや力のないものだと思うことだ。

人づき合いが悪くてもよい

終身雇用が崩れかけて、すごくはっきりしてきたことがある。

会社というのは仕事をする場所であって、それ以外のことはどうでもいいということだ。

組織内の人間関係だとか派閥だとかは、仕事や会社が生き残っていくのに必要でないとわかってきた。

終身雇用はサラリーマンにとって会社のレールに乗り、そこから降ろされないためのルールだから、乗ってしまえばあとは降ろされないことだけ注意すればよかった。

そのために上司の鼻息やご機嫌をうかがったり、つき合い第一で深夜まで飲んだり歌ったりしたし、派閥にも気をつかった。

でも、そんなことで保身をはかる時代は確実にすぎ去りつつある。終身雇用が崩壊してしまえば、そんな保身は無意味だ。

大手企業が総会屋がらみで摘発されたとき、前々から防波堤になっているつもりだった総務部の人間が会社から切り離されて、法廷に立たされたことがあった。

昔だったら、会社のために汚い仕事にもあえて手を染めたのだから、骨は拾ってもらえるという保障があった。

現代ではこんな保障は通用しない。この社員も会社から切り捨てられた。個人の犯罪だと会社は言い切ったのだ。

たしかに終身雇用の時代には仕事よりも、人間関係でうまくやる人間のほうが評価されたりした。

仕事よりも課長のゴルフにつき合うことで心証をよくしようとするサラリーマンがいくらでもいた。

でも、もうたくさんだ。そういう時代は終わったのだ。

仕事以外のことはやりたければやればいいし、時間がなければやらなくていい。つき合いの悪いヤツだとか勝手なヤツだとか言われてもいいのだ。

そう言われることはキミがかれらにとって「いい人」ではなくなったというだけのことだ。

仕事をちゃんとやることをキミの芯にすることだ。それがすべてであってあとは不要だ。

仕事ができて初めて遊びも輝く。仕事で本気になれる男が遊んでいる姿は清々《すがすが》しい。サーフィンがヘタでもスキーがヘタでも、仕事で勝負してきた男の姿には透明な明るさがある。何より心底くつろいだ陽気さがある。

ちゃんと生きているという明るさだ。

仕事のいい加減な男が遊びで目立ってもそれだけのことではないか。上司に取り入るのがうまいとか、立ち回りが器用だというのもそれだけのことだ。

一本芯の通った男になるためにはまず仕事でがんばれ。これがサラリーマンの基本だ。

出処進退の判断は一瞬でやれ

自らのやったことが非難の的《まと》になるとき、無関係を装《よそお》ったり、言い訳したり、慣習や組織悪のせいにしたりするような大人に決してなるな。なぜならそこにはいさぎよさのひとかけらもないからだ。

贈収賄《ぞうしゅうわい》の発覚を部下のせいにし、業界の慣習のせいにする。こういう人間に共通しているのは保身にはなりふりかまわないということだ。

責任を取るときはいさぎよく腹を切る、そういう、居住《いず》まいの緊張感が昔あったではないか。

昔に戻れと言っているわけではない。起こってしまった問題にはいさぎよく立ち向かえ、それだけが活路を開く道だと言っているのだ。本気で立ち直ろうと思ったら、そうするしかないのだ。

言い訳したり、取り繕《つくろ》ったり、ウソで言い逃れしたら、永遠にそこから出発できない。曖昧で濁《にご》りきった感情を引きずるだけだ。

取り繕うのは結局いまの居心地よさを守ろうとするからだろう。いい人だという評価、立派な人だという評価、尊敬される立場、そういうものを守りたいからだろう。守るためには、そこにこだわらないことだ。なぜなら勝負は一瞬にして決まるからだ。

一瞬の判断を誤れば、長年培《つちか》ったものが台無しになる。これは恐ろしいほど真実だ。

たとえば自分のやったことが非難に値《あたい》することだったら、まずその非難を受け入れろ。

そこで迷ったり、逃げようとすれば、それが一瞬の判断の誤りになる。何とかなるという甘い期待に身をゆだねることで、いさぎよさを失う。

そんな期待は早く捨てることだ。

そのためには失敗は素直に迷いなく認めると、あらかじめ心に決めておくことだ。

「いい人」になろうとしてミスから逃げるな

仕事にトラブルが生じたとき、自分のミスなのに立場の弱い人や下請けに責任転嫁したことはないだろうか。「それはわたしの責任です」といさぎよく認めることから逃げたことが一度もないだろうか。

「いい人」でいることに居心地のよさを感じてしまえば、今度はその居心地の良さを守ろうとする。そのために自分を偽ってしまうこともある。

ましてミスが会社に甚大《じんだい》な被害を与えたとか、大きな責任を問われるようなことであれば、逃げたい気持ちはわかる。

先生に嫌われたくない子供が、一生懸命シラを切るのと同じだ。

でも大人がそれをやれば、それは大人になりきっていない子供なのだ。自分を育ててこなかったということだ。自分を育てるということは、責任を取れる人間になるということだ。

なぜ責任を取るのか。

爽やかだからだ。

ミスを隠し続けているときに感じるのは、自分という器の矮小《わいしょう》さだろう。その気分を抱えながら、なおかつ逃げ回る。いさぎよさのかけらもない。

そういう自分が信用できるか。いさぎよさのない人間は印象がヌルッとしている。いつ逃げを打って敵に回るかわからない。自分がそういう人間であることに耐えられるか。

大人になるということは、自分を信じられるように生きるということだ。これは、気持ちよく生きるための単純にして明快な原則だ。

いさぎよさに従うことは自分の非を認めることだから、当然ペナルティを受けるだろう。だが、ペナルティにはペナルティの気持ちよさがある。非を認めて罰せられればサバサバする。それを受けたことですべてが終わるからだ。

隠し続け、逃げ続ければミスは消えることなく心の中に澱み続け、つぎに何かあったときも同じ行動を取ってしまう。

悲しいかな、これは人間の中に巣食う逃れようのない心理だ。非を認めてしまえば、周囲の評価は下がっても、気持ちよく生きることまでは失わない。

いさぎよく生きる。心に期する生きるための芯はそれだけでいい。いさぎよさを基準にして生きれば、人生はそう大きく逸脱しない。

その芯は自分だけがわかればいい行動のルールだから、とりあえず周りがどう思っているかは関係がない。周りがキミを「いい人」だと言おうが勝手なヤツだと非難しようがそんなことは関係ない。

だから、「いい人」になんかならなくていい。常識とかお仕着せの正論とかそういうものに引きずられる生き方をしなくてもいい。

世間や他人の目よりも、自分をふりかえっていさぎよかったかどうかを基準にして生きることだ。

そのほうが楽しい。何より自分を嫌いにならない。「いい人」への未練なんかたちまち消えてしまう。それなのになぜ迷うか?

迷うのは、失敗した場面になって初めてどうするかを考えるからだ。認めるか認めないかで逡巡《しゅんじゅん》するからだ。その一瞬が取り返しのつかないことになる。

批判は甘んじて受ける。逃げも隠れもしない。こう心に決めておくと一瞬にしてつぎの行動が見えてくる。そうなれば失敗も非難されるべき事柄もたんなる〝通過点〟のひとつにすぎなくなる。

起こった問題は同じでも、それを認めてしまえばそこから生じる心の負担はずいぶん軽くなるということだ。つまずいただけじゃないか。だからそれを認めて再度しっかり立つことから始めようという気になれる。

そういうさぎよさこそが、いまの困難を乗り越える力になるはずだ。

じゃ ちょうど
いい機会だ
トライしてみろ！

どう
やります?

第4章

「いい人」ばかりの集団から飛び出せ

現代は「いい人」からの脱出のチャンス

「いい人」を拒《こば》む気持ちは誰にでもある。矛盾しているようだが、「いい人」と思われたい気持ちと同じくらい、「オレはそんなにいいヤツじゃないぞ」という気持ちが誰にも備わっている。

なぜなら本人がいちばんよく知っているのだ。「いい人」であることの居心地良さなんて、結局は真綿《まわた》で首を絞《し》められるみたいに自分が苦しくなる。捨ててしまうのがいちばんだ。

でも捨てられない。

なぜか?

「いざとなれば」という曖昧《あいまい》な自信があるからだ。

「いざとなれば、オレはいつでも本音を出す。いい人なんかじゃないというのをはっきり教えてやる」

こういうのも「いい人」の正体だろう。自分自身になんの拠《よ》り所《どころ》もなく笑顔だけで生きるのは難しすぎる。反抗心のひとかけらがあって初めて、「いい人」を装《よそお》える。「いい人」が長続きする。

だけどその反抗心をいつ表に出すんだ？

いざというときは、いったいいつのことなんだ？

厳しいことを言わせてもらえば、キミはいままでに何度も、いざというときを見すごしてきたんじゃないか。「ここは我慢して」と言い聞かせ、「いざというときには」となだめすかしたんじゃないか？

ぼくの考えから先に言おう。

いざというときに動ける人間は、日ごろから決断が速い。自分の言葉や行動が周囲にどう受け止められるかなんて気にしないからだ。

「いい人」にはそれができない。日ごろからできないから、いざというときは永遠にやってこない。

けれどもこの差は、わずかなものだと思うべきだ。「YES」「NO」を即断できるかどうかの違いにすぎないと知るべきだ。どんな場面でも、自分の本音の部分から出てくる声に従おう。

第2章でぼくは、30パーセントの闇《やみ》について話した。数字はあくまで便宜《べんぎ》的なものだが、どんなに「いい人」であっても他人には見えない部分が隠されている。その闇の中に、ふだんは表出することのない本音も潜《ひそ》んでいる。

日常生活は、常識や慣習といったルールに基づく。サラリーマンにとっての職場は、そのルールが縦横に張りめぐらされた場所だ。窮屈《きゅうくつ》と感じればどこまでも窮屈になる。30パーセントの本音は出しようがない。

でも現実は違う。終身雇用制が崩《くず》れたことで、ルールはものすごく単純になった。要は仕事さえきちんとやればいいのだ。会社という運命共同体がなくなった以上、仕事を離れたつき合いはつねに自由参加でいいし、職場の人間関係も仕事だけを中心にして成り立てばいい。

ふつうなら、これでサバサバするところだ。しかし「いい人」は違う。困ってしまう。

なぜなら本音が出せない。30パーセントの闇の部分を表出するのが怖い。他人の目にもわかりやすい70パーセントの部分で生きるほうが楽なのだ。考えてみれば、「いい人」にとっては人間関係を長続きさせることが何より大事なのだから、終身雇用制は前提になってくる。ムラ社会に住んでいるときが、「いい人」はいちばん安全なのだ。

　ということは、ムラ社会の崩れたいまが「いい人」から抜け出す絶好のチャンスじゃないか。「いい人」の仮面をスルリと外《はず》すには、願ってもないチャンスなのだ。

　さっきぼくは、「YES」「NO」を即断できるかと尋ねた。仕事にガッチリと組み込まれた世界であれば、「YES」と答える以外に選択できない場合もある。けれどもそれは、ごく稀《まれ》なケースに限られる。

　もっとはっきり言えば、会社を辞める覚悟や出世など望まない決心があるならつねに「NO」という選択もあり得る。転勤や出向を命じられたり、正当な理由もなく依願退職を勧められてもつっぱねる自由はあるのだ。

　そのことを胸に秘めたうえで、これからぼくが書くことを実行してほしい。難しいことではない。むやみに相づちを打つな、ということだ。

「いい人」はすべて、相づちを打つ。相手の誘いや願いに取りあえず頷《うなず》き、頷きながら逃げ道を考える。つまり「YES」で始まり、「BUT」が続く。「NO」と言いたいときに「YES」とまず答えてしまう。

日本語はもっと曖昧な表現になるから、たとえば「そうだね」だ。あるいは「わかった」とか「いいけど」であり、「まあね」とか「でもなあ」とか「実は」と続く。さらに曖昧になると「考えてみる」とか「今度ね」と続く。こういう短い言葉に思い当たるふしはあるだろう。実によく使っていないか。

いやな誘いや受けたくない頼みごとには決して相づちを打たない。疑問を持ったり反撥《はんぱつ》を感じたときも相づちは打たない。いちばん最初に「だめだ」と言う。「違う」とか「そうじゃない」と答える。

それができない場合でも、せめて相づちだけは打たない。相手の言葉に何か引っかかるものがあったら、引っかかった気持ちのままに黙ればいいのだ。

一瞬でも沈黙があれば、それはキミの中の30パーセントの世界が顔を出したことになる。本音が出てしまった。出てしまった本音をいまさら裏切れない。間があっていいから、はっきり断る。あるいは否定する。

少なくともおうむ返しの相づちだけは打たない。些細《ささい》な場面でこれを実行してみよう。

文句を言わないのは美徳なのか

「いい人」の集団には和を乱すなという鉄則がある。企業がムラ社会だったころの「社是社訓」には、まず間違いなく「和」の大切さが説かれてあった。あれと同じだ。

困ったことに、いくら終身雇用制が崩壊してもムラ社会はまだ残っている。身を縛《しば》るクサリはとっくに解けたのに、わざわざ自分からまとい直す、いわば紛《まぎ》れもないバカがいるからだ。そういうバカが、いまさらのように「和」を持ち出す。

ぼくはさっき、いいチャンスだと書いた。自分の本音が抑え込まれていることに不満を感じる人間にとって、いまは「いい人」から抜け出す絶好のチャンスだと書いた。

言い換えればこの類《たぐい》のバカと手を切るチャンスになる。バカが失礼なら、「いい人たち」でもいい。「いい人たち」の中にいる限り、自分も「いい人」から抜け出せない。和を強制する集団に居残ろうと思ったら、いつまでも「いい人」でいなければならない。

すると、抜け出す切り札は和を乱すことだ。これをやってしまえばたちまち「いい人」失格になる。望むところではないか。

では取りあえず、何からするか。

腹に不満を溜《た》めないことだ。

いやなことや納得できないこと、そういうものを丸呑《まるの》みにしないことだ。

その基本はさっき書いた。むやみに相づちを打たない。ヘイコラするなということだ。

もう一段上るとこうなる。

「文句を言え」

これに尽きる。

「文句を言うな」というのは上司が部下に押しつける正論ではない。組織や集団が個人に押しつける正論でもない。実は、部下や個人が自分に言い聞かせてきた正論にすぎない。

文句を言わないことが美徳だった。文句を言うヒマがあったらやることをやれ。そう自分に言い聞かせてきた。これはまったく正論だ。

でも「いい人」の正論じゃないか？

和を乱すなと自分に言い聞かせる人間の思い込みじゃないか。たった一人の文句で集団はたちまち鼻白《はなじろ》む。上司は感情的になるし仲間は牙《きば》をむき出す。「わがままなヤツだ」「いまごろ何を言い出すんだ」となる。

だからみんな文句なんか言わない。自分に我慢を強《し》いるし、全体に合わせようとする。

文句の内容そのものに周囲が反撥するのではない。文句を言うこと自体に反撥する。「オレだって言いたいことも言わずに我慢してるんだ」という反撥だ。

だから、涼しい顔して文句を言えばいい。感じた疑問や嫌悪をそのまま言葉にすればいい。それを口にしていい場所かどうか、仮にためらうことがあったとしても、「ちょっといいですか」と発言を求めればいいのだ。

ムキになったりことさら大声を出す必要はない。「文句」という言葉がすでに否定的な響きを持っているからいけないのであって、キミが発言しようとしていることは、ひとつの意見あるいは考えにすぎない。それが相手や集団の考えと異なるから発言するのであって、少しも不自然なことではない。

それよりむしろ、文句を言わないことを美徳と信じて自分を封じ込める、こっちのほうがはるかに不自然だろう。

「いい人」の集団にはそういう不自然さが染《し》み込んでいると気づくべきだ。「文句」ひとつを置き土産《みやげ》にして、そんな集団には軽やかに背を向ける。こっちのほうがはるかに気持ちいい。

白を黒と言い換えていないか

ぼくは、文句を言わないのは悪徳じゃないかと思う。何の疑問も反論もないのならともかく、心に浮かんだものまで「美徳」に従って呑《の》み込んだら、それは結局、白を黒と言い換えたことになるからだ。白と思っても無抵抗に黒に従うなら、自分を巧妙に納得させたことになる。

だから、「いい人」の集団というのはしばしば白を黒と言い換える。

自分たちの利益を守ったり、地位や名誉や信用を守るためには平然と白を黒と言い換えてしまう。企業や組織ぐるみの不正はほとんどがこの構造になるだろう。一つの集団が巨悪に染まっていくのも同じ構造だ。

けれども「いい人」には弁解がある。「抗《あらが》いきれなかった」「仕方なかった」「弱くて無抵抗な立場だった」、そういった弁解があとで必ず出てくる。

自分もまた、白を黒と言い換えた人間であることを忘れている。あるいは認めようとしない。

不正や巨悪ほど大掛かりなものでなくても同じだ。盛り上がった雰囲気にたやすく呑まれたり、あるいは雰囲気を盛り上げることで疑問や本音を封じ込めてしまう。

たとえばいない人間の悪口ならどのようにも盛り上がる。うっかりかばえない雰囲気になる。内心では誠実な人柄だと思っている上司でも、周囲の同僚がこぞって無能呼ばわりすればついつい「相づち」を打つ。「確かにトロイ」と追従《ついじゅう》し、「小心者」とまでけなす。うっかり誠実さを褒《ほ》めようものなら「どっちの味方なんだ」と詰め寄られ、「いい子ぶるな」となじられる。「いい人」の集団はたちまち「悪い人」の集団に早変わりする。

白を黒と言い換えるのは、善悪とか正義の問題ではない。ただ単に、間違いなのだ。白はあくまで白だし、黒はあくまで黒だ。立場や状況は関係ない。

そんなものを持ち出せば、自分たちに都合のいい善悪や正義に問題がすりかえられてしまう。白を黒と言い張るのは間違いだという基本的なことさえ忘れてしまう。ぼくらは「いい人」を演じることで、しばしば基本的な間違いを犯しているのだ。

何がほんとうのいい上司か？

ここまで書いたことが納得してもらえるなら、ここから先は話が早い。

ぼくが最後に言いたいのは「いい人」は「悪い人」じゃないか、「いい人の集団」は「悪い集団」じゃないかということだが、そこに行く前にまず上司について考えてみる。

上司が「いい人」なら部下は安心する。与《くみ》しやすいし、こちらの出方一つで少しも威圧感を持たないですむ。ときに優柔不断だったり、ときに会社の言いなりになるイエスマンだったりするが、それならそれでやっぱり扱いやすい。こっちも「いい人」になればいいからだ。

指示や命令には従う。上司の言葉にはまず相づちを打ち、文句は言わない。酒を誘われたら断らないし、愚痴《ぐち》にも最後までつき合ってやる。上司の嫌うことはやらず、職場の雰囲気を乱したりもしない。

ざっと考えてこれだけのことができれば、上司はキミを買う。頼りになる腹心として大事にしてくれる。言うことなしだろう。

だけどキミはどうなるんだ?

おそらく仕事は退屈だ。大きなミスはないかもしれないが、大きな満足感もない。ヒリヒリするような緊張感も、思わず快哉《かいさい》を叫びたくなる達成感もない。毎日は平穏かもしれないが、仕事の中に新鮮な発見や感動がない。つまり、心底楽しくないのだ。

それは、キミが「いい人」を演じ続けることとも関係がある。

上司に合わせて「いい人」を演じていれば、生温かい上下関係がどこまでも続いていく。ひたむきになって自分を上司にぶつけることもない。もちろん上司が身をもって仕事の厳しさを教えることもない。

「いい人」は職場や仕事上の人間関係を大切にするあまり、周囲とぶつかってまで信念を貫き通すことがないからだ。結果が出せればそれでいいと考えてしまう。

そういう上司から、果たしてキミは何を学ぶだろうか。保身の術であり、人づき合いのコツであり、そこそこやっていれば課長ぐらいにはなれるんだという甘い展望だ。それはそれで安全な生き方かもしれないが、ちょっと待てと言いたい。

もはやそんな時代ではない。企業の危機意識ははるかに進んでいる。毒にも薬にもならない社員など無用と断言する経営者は大勢いる。「いい人」にすぎない上司や、その上司に追従する若手社員に生き残りの保障はないのだ。

そして何よりも自分が成長しない。

サラリーマンは仕事を通して成長する。いい上司とは仕事を通して部下を成長させる上司だ。

それによって部下は、異動になろうがリストラされようが転職しようが、どんな環境になっても臆《おく》することなく力を発揮できる。

なぜなら積み重ねた実績がそのまま自信になっているからだ。仕事を通して成長するとはそういうことだろう。

「いい人」にはこの基本がわかっていない。周囲に合わせてミスなくすごせば、年月とともに成長するものだと思っている。給料が上がり、地位が上がり、貯金が増えるのが成長だと考えるからそうなる。

つまり、いまの自分を包む環境や人間関係がそのまま続くという前提に立っている。部下に対して望むのも同じで、面倒を起こさない部下、言いなりになる部下ならそれでいい。

何のことはない。自分の価値観をそのまま押しつけているのだ。これがいい上司と言えるだろうか。

部下に「いい人」を求める心理

今度は立場を逆にして考えてみる。

キミがいま部下だとする。代表権を持った社長以外は誰かの部下なのだから、キミは間違いなく部下だ。

そのキミが「いい人」ならいい部下か？

答えは簡単だ。いま書いたばかりなのだ。

「いい人」は少しもいい上司ではなかった。部下も同じ理屈になる。ロクな部下ではない。

しかしこの問題には落とし穴がある。それもかなり大きな穴だ。誰もがついうっかりはまってしまう。何のことだかわかるだろうか？

実は、いまのキミにも「部下」がいるということだ。名刺には肩書のないキミであったとしても、心のどこかに「部下」を持っている。上司の気分で接する相手がいる。

それはべつに同じ職場でなくてもいい。後輩や新入社員でなくてもいい。出入りの業者やふだんつき合っている仲間の中に、一人や二人はいるはずなのだ。「こいつだけはオレの言いなりだ」と思い込んでいる相手がいるはずなのだ。

そういう人間まで含めて、「部下」と考え直そう。そうすれば、キミにも部下がいることになる。

それをわかってもらえたうえで、同じ質問をくり返そう。「いい人」なら、いい部下か？

答えは「YES」だろう。つまり、部下には誰でも「いい人」を期待する。自分の思いどおりになる人間を求める。そうでなければ部下として扱えない。たとえ心の中だけだとしてもだ。

「乞食《こじき》」という言葉は使えないはずだ。けれどもいま書いた部下を求める心理を説明

するとき、どうしても頭に浮かんでくるイメージがある。何かの本で読んだときから
そのイメージが消えない。それは、彼らがなぜ犬を飼うかということだ。
どんな社会的弱者であっても、人間はやっぱり「部下」を求める。自分の言いなり
になる人間をそばに置きたくなる。無抵抗な「いい人」を求めてしまう。差別はそこ
から始まるんじゃないか。

でも白を黒と言い換えるのが間違いなように、差別も完全な間違いだ。「いい人」
を自分の足下に置こうという気持ちも間違いだ。「こいつだけは」という気持ちを相
手に持つのも間違いだ。

「飼い犬」にいきなり手を咬《か》まれて泣き出すよりも、ふだんから本音をぶつけてくる
「部下」こそ大事にすべきだろう。

「部下」とは決して見下す存在ではない。彼もまた、一本の牙《きば》を隠し持っている。だ
から真剣につき合えるのだ。「いい人」を部下に求めるのは、態度としてあまりに不《ふ》
遜《そん》だと知るべきだ。

今日の会議での
キミの発言は
素晴らしかった
十分　納得
させられたよ

「いじめ」の陰湿さは「いい人」が作り出す

「いい人」が寄ってたかって異物を排除しようとするとき、「いじめ」が起こる。

もちろんこんな単純な解釈で「いじめ」を説明できるとは思わないが、会社内での陰湿ないじめは、「いい人」が集まって引き起こす。

すると、本題に入る前にこういう疑問が出てくる。いじめに加担するような人間が、「いい人」なわけはないじゃないか。「いい人」ならむしろ、「いじめはいけない」と正論を吐《は》くんじゃないか。

「いい人」について考えるとき、どうしても輪郭がぼやけてしまうのはこのあたりのことだ。「いい人」はほんとうにいい人なのか、悪い人なのか。

でもぼくは、いい人と悪い人の境目は単純だと思っている。

思ったとおりに行動するか、しないか。これだけだ。

付和雷同《ふわらいどう》せず、つねに自分の本心に従えるかどうか。やむを得ずねじ曲げられた場合でも、自分をごまかさずに叱責《しっせき》することができるかどうか。つまり、いさぎよさを失っていないかどうかだ。

この境目をいじめにあてはめればこうなる。

仲間はずれにされたくない一心から、いじめに加担するのが「いい人」だ。付和雷同し、自分をごまかし、いじめを正当化するのが「いい人」だ。もちろんいじめの先頭に立つことはない。つねに大勢の中に紛れ、他人の背中からものを言うだけの存在だが、いじめに加担していることに違いはない。

こういう「いい人」たちこそ、卑怯《ひきょう》で陰湿じゃないか。いちばん悪い人間ではないか。

職場のいじめというのは表に現れにくい。仕事をする場なのだから、外部の人間にもはっきりとわかるいじめはマイナスイメージとなってしまう。これも「いい人」には都合が良くて、つまりいじめなんかじゃないといつでも言い逃れができる。外からかかってきた電話を取りつがないとか、伝言を伝えないとか、会議の時間が変更されても教えないとか、いわば「うっかりミス」で言い訳できるようないじめを繰り返す。

悪党にはなれない。誰の目にも悪い人と映るようなことまではできない。かといっていじめを非難したり弱者をかばうこともしない。「こんなのはいじめじゃないか。もうやめよう」とは言い出せない。それをやれば敵を作る。「正義ヅラするんじゃない」と反撥されるからだ。

結局、自分を表に出そうとしない。表に出して嫌われるのを何より恐れる。それが「いい人」の正体だ。

「いい人」が正論を吐くときも、自分を表に出さないという前提がある。対立する意見や感情の狭間《はざま》で「仲良くしよう」というだけだ。どちらにも嫌われないために、正論を持ち出すだけなのだ。

これだけ説明すれば、本題はすぐに終わる。「いい人」は嫌われたくない一心でいじめに加担する。つねに少数者より多数者を選ぶからそうなる。「いい人」ばかりの組織や会社には、目に見えないいじめがはびこりやすくなる。

大人を装い、すべてを丸く収める集団の脆《もろ》さ

このへんでひと息入れてみたい。

「いい人」についてあれこれ言う前に、自分はどうなのか考えてみたい。

ぼく自身について言えば、自分の中に「いい人」はいる。これはキミも同じだろう。「いい人」であることに満足などしていないが、かといって野放図にも生きられない。憧れはするが、どこかで自分をセーブする気持ちがある。「ここは我慢」だと言い聞かせ、「相手に合わせればいいんだ」と納得させる。

実は「いい人」について語るとき、難しいのがこういう問題なのだ。

根っからの「いい人」など存在しない。けれどもひとつひとつの場面で「いい人」を選ぼうとする自分がいる。

そういう自分も果たして「いい人」になってしまうのか。他人や状況の言いなりになり、白を黒と言いくるめるような「いい人」になってしまうのか。いじめに加担し、他人の背中からものを言うような人間になってしまうのか。

うんとわかりやすく言えばこうなる。

「『いい人』じゃない人間なんてほんとうにいるのか」

正直に言えば、これはすごく難しい問題だと思う。ぼく自身の中にもキミの中にも

「いい人」はいるのだから、ぼくらはいつでも「いい人」になり得る。そのつもりがなくても、つい「いい人」を装ってしまう。

ところがぼくは、ここまでに「いい人」を否定してきた。その論法で言うなら、ぼくらの中にいる「いい人」もすべて否定しなければならない。

けれどもそれをやったら苦しくなる。ぼくの言うことが矛盾しているのは百も承知だが、「いい人」というのは結局、濃淡の問題ではないか。

色濃く「いい人」であってはいけない。自分が息苦しくなってまで「いい人」を演じてはいけない。そういう意味なのだ。

そう考え直せば、誰の中にもいる「いい人」は放っておける。「オレも甘いな」とか、「ちょっと弱気になったな」という程度の「いい人」なら苦にしなくてすむ。そこまで苦にしたら、肩の力を抜いて気楽に生きることすら難しくなってくる。

それと同時に、いまより「いい人」になってはいけない。あえて目指すのは間違いだ。「いい人」を演じるたびに、自分の不自然さを感じるのならなおさらで、やはり気楽に生きることはできない。そういう不自然さはどんどん切り捨てていく。

だから、無邪気でいいんじゃないか。

子供のように自分の気持ちに従い、子供のように仲間と遊んだりケンカしたりする。何かに夢中になったら他人の言うことなんか聞かなくていいし、人恋しくなったら好きな人間に近づけばいい。

「それじゃまるで子供と同じだ」

そう思うかもしれないが、子供のような無邪気さを秘めた大人にはやっぱり魅力がある。これまでに書いた「いい人」のイメージとは正反対の明るさがある。ときに非常識で、突拍子もなくて、正体のつかめないところはあるが、「あれで案外、『いいヤツ』なんだ」という楽しさがある。

「いい人」と「いいヤツ」。言葉は似ているが、ニュアンスの隔《へだ》たりは大きい。キミが男ならすぐにわかると思う。

すると、ここまでに書いた「いい人」の仮面がもう一枚剝《は》がれてくる。つまり、「いい人」は大人ぶっているだけなのだ。

自分の中の子供っぽい部分や無邪気な気分を抑《おさ》えつけて、分別ある大人を装う。怒りや悔しさをごまかして冷静を装い、相手にもそれを求める。

なぜなら大人を装えば人間関係は丸く収まる。周囲とぶつからないのは「いい人」

の処世術だから、腹の中ではどう思おうと表面だけは取り繕える。

したがって「いい人」の集団は大人の集団に見えるが、脆い。いくら平穏で安定感があっても、問題を表面化しないことでその安定が保たれているだけなのだ。ときには衝突し合いながら自分を通し、あるいは相手を認めてきた集団ではないのだ。ひとたびピンチを迎えれば、責任逃れに右往左往する人間ばかりだ。

キミは大人ぶるより無邪気であればいい。大人の集団なんかさっさと抜け出すことだ。

危機感のない「いい人」

上司にも部下にも同僚にも、「いい人」が蔓延《まんえん》してしまえばその会社は危《あや》うい。理由はここまでに書いたとおりだが、「いい人」にはどうも、そのあたりの危機感が欠けているようだ。

現実問題として、「いい人」ばかりの会社はあり得ない。あればとっくにつぶれているからだ。

「いい人」には属さない人間、つまり横並びには収まりきらない人間が必ずいて、傾《かたむ》きかけた会社の業績を立て直したり、新製品を開発してヒットさせたりする。

だから、いま元気な会社、活気のある会社には「いい人」が少ない。大人ぶった人間などごく一部分で、ほとんどの社員が子供のように無邪気に仕事する。議論も活発だし、上司と部下がしばしばケンカ腰でぶつかり合う。

ということは、落ち目の会社は「いい人」が増えつつあるのだ。いや、どっちが先かはわからない。「いい人」が増えたとき、会社は落ち目になるのかもしれない。

それはこういうことだと思う。

業績が安定してくれれば、社風として守りの意識が出てくる。攻めて何かを失うよりは、いまあるものを守っていこうと考える。

この考えがすべてに優先されるようになると、波風の立たないのがいちばんということになる。社内の人間関係も、上下関係も、社外との関係もすべてそうだ。

年功序列、絶対服従、慣例踏襲《かんれいとうしゅう》、こういった言葉が当然のように受け止められてしまう。

気づいた読者もいると思うが、いわゆる役所の世界がそうだ。

もともと業績なんか無関係な職場だから、誰もが波風立てずに平穏なまま勤め上げようと考える。「いい人」がそれこそゴロゴロいて当然なのだ。

民間といえども同じで、世間に名の通った一流企業でも長く安定が続けば「いい人」がどんどん増えてくる。

するとどうなるか。

ある日突然、ドーンと倒れる。まさかと思われた巨象が脆くも倒れてしまう。昨今の大型倒産や突然のリストラ断行を「いい人」の蔓延で説明すればこうなる。

倒産した会社やリストラが断行されている会社にも、早くから危機感を抱いた人間は存在したはずだ。しかし手遅れだった。「いい人」が職場の大半を占めてしまえば、大きな組織はどうにもならない。

では「いい人」にはなぜ危機感がないのか？

波風を立てたくないからだ。危機を叫べば波風が立つ。けれどももっと大きな理由がある。度胸がないのだ。

危機をはっきりと認めたら、それに立ち向かわなければならない。危険から逃れるのは備わった本能なのだから、原因を突きとめて対策を講じなければならない。しかも失敗は許されないのだから、責任は重い。途中で放り投げるわけにはいかないのだ。こういうのがすべて、「いい人」には荷が重い。自分から進んで背負うだけの度胸がない。「大丈夫さ」「何とかなるさ」と言い聞かせる。ほんとうにどうにもならなくなって、惨《みじ》めなほどに慌《あわ》てふためく。

危機を危機とも感じない鈍感さがあるなら、襲《おそ》いかかってきた危機にも平然としていればいいのだが、そんな度胸もない。いずれにしろ、「いい人」には危機管理能力がないと言うべきだろう。

「いい人」ほど人の気持ちを逆撫《さかな》でする

巧言令色《こうげんれいしょく》というが、「いい人」にはどうも見た目の穏和《おんわ》さとはうらはらに悪意がある。

悪意という言葉が言いすぎなら無神経さや冷淡さと言い換えてもいい。口ではどんなに親切めかしても、その言葉はいつもその場限りのものだから信用できないのだ。裏切るときには平然と裏切る。まさに「いい人」の顔で裏切る。

「いい人」にとって大事なのはつねにその場だ。他人の目があるその場さえうまく切り抜ければいい。その場の人間関係さえ平穏《へいおん》であればいい。だから誘われれば断らないし、頼りにされれば引き受ける。

けれどもそれをやると、いずれは不都合が起こる。たとえば「いい人」が課長のとき、部下の提案や不満には「わかった」と答えやすい。「かけ合ってみよう」「部長を説得してみよう」と胸を張る。けれども「いい人」の課長は部長に首を振られるとたちまち引っ込む。反論もしないで無抵抗に頷く。

これで課長は二つの場面を平穏に切り抜けたことになるが、その結果、部下の信頼は失われる。一度や二度はごまかせても、こんなやり方をいつまでも通せるはずがないからだ。「課長は結局、口先ばかりであてにならない」、いずれは部下にそう愛想を尽かされる。

たぶんこの課長は、部下に結果を伝えるとき組織のタテマエを出すはずだ。「がんばってはみたけれど、組織である限り、上がノーと言えばノーなんだ」

部下はどう感じるか。

おそらくシラける。そんなタテマエを持ち出すぐらいなら、最初から安請け合いするなと言いたくなる。あのとき「わかった」と頷いた課長の責任はどうなるんだと言いたくなる。

「いい人」ほど人の気持ちを逆撫でするというのは、どんなに物わかりの良さそうな顔をしていても自分の保身しか頭にないからだ。他人の痛みや怒りがわからない。わかったふりはするからよけいに逆撫でする。

だから、ひょっとしてこういうことは言えるかもしれない。

「いい人」は激しい感情の世界に自分を投げ込むことができない。相手の怒りや悲しみの世界にもうわべでつき合うだけで、自分も一緒になってその世界を感じることができない。

かといって拒否もしない。反撥して背を向けるということがない。あるいは黙って見守る「やさしさ」もない。

あくまで同感のポーズを装う。だから、悲しんでいる人間や怒っている人間に見え透いた慰《なぐさ》めを言ってしまい、相手の神経を逆撫でする。

物わかりのよさとは大人のポーズだろう。そういうポーズの世界には激しい感情など無用になる。けれども、無用と決めて自分を抑え込むのはどこかに無理がある。自分の中の子供や無邪気さを封じ込めた集団は楽しさのひとかけらもない。ならばそんな集団には背を向けることだ。組織が危ういとか会社が危ういという以前に、心底楽しさが感じられない集団ならさっさと見限るべきだろう。

大きな力に
自分を委《ゆだ》ねることが
大人だとは思わん

第5章

好きなことをやりながら「人望力」を育てる

不良社員はなぜか人望がある

「いい人」ばかりの集団から飛び出すのは少しも難しくない。なぜならキミの周囲には格好の手本があるからだ。

社内に一人や二人は必ずいる不良社員。彼らを見ればぼくが言いたいことはわかるはずだ。

不良社員についてはこう考えている。

ひとつはまず、文字どおり「不良」であること。模範社員の正反対に位置する社員だ。

上司には逆らう。規則は破る。慣習は無視する。したがって目立つ。

しかし欠陥社員や悪徳社員ではない。自分の仕事を放り投げたり、伝票をごまかしたりはしない。万事に無防備だが、ミスや間違いを指摘されれば悪びれずに謝る。

元気がいい。陰でコソコソ動き回らず、自分の態度をつねにはっきりさせる。だから顰蹙《ひんしゅく》もしばしば買うが、誰の目にもつねに気がかりな存在となる。

これが、ぼくのイメージする不良社員だ。少々、理想的すぎるかもしれない。「そんなヤツいないよ」とキミは思うかもしれない。しかし、これに近いイメージなら誰か思い当たるはずだ。

ぼくが言いたいのは、そういう不良社員はなぜか人望があるということだ。一部に毛嫌いする人間もいるが、不良と認めつつどこかに共感する気持ちが周囲にはある。それは、自分にできないことを平然とやってのける人間への共感であり、毛嫌いもまた、同じ理由からの毛嫌いだ。

するとこういうことが言えると思う。

毛嫌いする人間は「いい人」の集団を守ろうとする人間だ。

共感する人間は「いい人」の集団から逃げ出したいと思っている人間だ。少なくとも、「いい人」に対して息苦しさや退屈さやつまらなさを感じている人間だ。

したがって、不良社員は「いい人」へのリトマス試験紙みたいなものだ。共感の青が出るならその人は「いい人」から抜け出せる。毛嫌いの赤が出るならいつまでも「いい人」でいればいい。

ぼく自身は不良社員の人望を認める。彼らには不思議な魅力があるし、信じるに値《あたい》する何かを秘めている。それが彼らの人望を生む。

そして、キミも同じだと思うからこの本を書いている。キミもまた、不良社員の人望を認めている。

だとすれば「いい人」になんかならなくてもいいのだ。不良社員のように好きなことをやりながらでも周囲の共感を得ることができる。

人望は共感のないところには生まれないが、共感を得るために自分を抑《おさ》え込むのは本末転倒じゃないのか。

「いい人」はそれをやって人望を失う。その経緯については前章で触れた。基本的なことを言えば、他人におもねる人間は人望を失うのだ。

だから今度は、「いい人」から抜け出す方法について考えてみよう。好きなことをやりながらも人望を失わない不良社員に学んでみる。

彼らは決してエリートではない。5段階の査定にあてはめればまず最低ランクだ。にもかかわらず人望を失わないのはなぜか。それがわかれば「いい人」から必ず抜け出せる。

あえて人の心を読まない

不良社員は無頓着《むとんちゃく》だ。

状況や他人の思惑にほとんど気をつかわない。だから好きなことができるのであって、それがなぜ共感を呼ぶのか。ひとつ間違えればガサツで無神経な男でしかないのに、その言動が決して嫌われないのはなぜなのか。

ぼくは、あえて人の心を読まないからだと思う。状況や他人の思惑を深読みしない。

ただし鈍感なのではない。相手が喜んでいるか悲しんでいるか、それぐらいのことはすぐに察する。自分に好意を持っているか悪意を持っているかぐらいは気がついている。

でもそこまでだ。それ以上の詮索《せんさく》はしない。

自分がどう動けば相手の喜びをくすぐり、あるいは悲しみを慰めてやれるかなんてことは考えない。好意や悪意に対しても同じで、甘えかかったり弁解したりもしない。

ここが不良社員の面目《めんぼく》であって、あえて人の心を読んでもしようがないと割り切る。読めばおもねる気持ちが出るからだ。自分の好きなことができなくなる。

もちろん、相手を傷つけたり怒らせたりするつもりはない。悲しみに出会えばそっとしておくし、悪意に出会えばすっと身をかわす。

それでもぶつかってくる悪意とはとことん闘うが、基本的な態度だけを言えば興味のないものにはかかわらない。喜びや好意に対しても同じだ。

こういう態度は冷淡だろうか。

ぼくは違うと思う。

自分が嬉しいときや悲しいときを考えればわかる。その嬉しさ悲しさを誰かにそっくり汲《く》んでもらいたいとは思わない。微細に打ち明けて領《うなず》いてほしいとは思わない。ぼくが喜んでいることや、悲しんでいることだけわかってもらえばいいし、ときには誰にも気づかれないほうが気楽だ。どのみち自分で味わい尽くすしかない感情なのだ。

そういうとき、「不良」は楽しい。さっとぼくの感情を読み取っただけでいつものように振る舞う。何も気づかなかったように別れてくれる。押しつけがましさがみじんもない。

これが気持ちいいのだ。ネチネチ詮索されても後味の悪さが残ってしまう。おもねられても逆撫《さかな》でされた気分になる。

不良社員はふいに姿を消す。「いるな」と思ったらもういなくなっている。ああいうつかみどころのなさというのは、人の心や状況に長居しないから生まれるのだろう。その伸びやかなところが共感を生むのだと思う。

率先《そっせん》して休め

不良社員の行動にはメリハリがある。それも当然で、好きなことをやるのだ。やりたいようにやるのだ。雰囲気や状況に自分を合わせたりしないから、動きがいつも突出する。みんなが黙々と働いているときでも、突然席を立って応接用のソファーに寝転んだりする。

いっときの休息であれ、一日の休暇であれ、自分から先に休むのは勇気がいる。「いい人」にはまずできない。上司が働いている限り部下は休めないから、「いい人」だらけの職場はダラダラ働き続けて誰も休息しない。

とっくに疲れて能率も上がらなくなっているのに、周囲が休まない限りは自分も机にしがみついてしまう。

そういうとき、不良社員の存在はみんなをホッとさせる。委細構《いさいかま》わずゴロリと休んでくれるからだ。

文句を言う人間はまずいなくて、職場全体に「そろそろひと息入れようか」という空気が流れる。そういうタイミングだということぐらい、全員が知っているのだ。

有給休暇もまったく同じだ。「いい人」は長期となると取りたくても取らない。規則で認められていることなのに遠慮してしまう。届けを出すときには申し訳なさそうに出す。しなくていい弁解までしてしまう。

その点、不良社員はアッケラカンとしたものだ。休みたくなればさっさと上司に届け出る。理由も説明しない。有給休暇なんだから理由はいらないし、サラリーマンのささやかな権利だ。権利を行使するだけだから、卑屈《ひくつ》に構える必要などまったくない。いやみを言われたって気にもかけない。

「いい人」から見れば、こういう不良社員の態度はひたすら羨《うらや》ましい。まず、それが本音だ。けれどもここからふたつに分かれる。さっきのリトマス試験紙でいうと青派と赤派に分かれる。

青派は自分もやってみたいと思う。「そうだよな。オレも有休ぐらい堂々と取ればいいんだ」と言い聞かせる。

赤派は逆で、「ああいうヤツがいれば、こっちも休みやすい」と思う。ただし簡単には休まない。上司の心証を悪くしたくないからだ。

でも同じことではないか。

「いい人」に執着する人間は相変わらず休暇も取らずに働き続けるだろうが、不良社員の態度にはどこかで羨ましさを感じている。

自分とは別種の人間だと思いつつ、敵意は持たない。そもそも敵と感じるようなライバルではないのだ。

キミが率先して休んだところで、職場の状況は何も変わらないかもしれない。けれども安堵《あんど》感《かん》は生まれる。疲れているのに誰もが机にへばりついているとき、いち抜けたと寝転ぶ人間がいればそこからホッとした空気が漂い出すように、率先して休む人間は息苦しい職場にポンと風穴を開けてくれる。

澱《よど》んだ空気が動き出すのだ。理想を言えば、上司がそういう〝不良〟であってほしいが、実際の不良社員は上司のことなんか気にしない。休みも取らずに働きまくる上司の下でも平然と自分の有休を消化する。

だから共感を呼ぶのだ。いまいましげにハンコを押す上司にしても、腹の中ではこう思っている。

「クソ、オレにコイツぐらいの気楽さがあればなあ」

そうすれば、いままでのサラリーマン生活はもっともっと楽しいはずだったと思うのだ。

「アンタが悪い」と軽く指摘できる爽やかさを持て

不良社員はときおり、周囲がドキンとするような言葉を吐く。それも無造作に言ってのける。

なぜドキンとするか。図星だからだ。誰もが胸の奥で呑み込んでいる言葉をサラリと吐く。

「いい人」の集団は責任の所在をはっきりさせるのが苦手だから、ともすれば議論がぼやけてくる。自分が被《かぶ》るのはいやだし、かといってほかの誰かにすべて被せるのも気が引ける。

だからいつまでたっても状況説明や弁解やかばい合いが終わらない。コトがうやむやに過ぎ去ればそれでいいのだ。

ところが不良社員はこういう馴れ合いをぶちこわす。「アンタが悪い」と結論を出してしまう。

もともと無頓着《むとんちゃく》な人間だから、その場の雰囲気なんか気にしないのだ。「いい人」

の集団は沈黙せざるを得ない。

ずいぶん昔に電車の中でこんな場面に出会ったことがある。

終電には間があったが、酔客で混雑していた。シートは座れないから、ぼくは吊り革にぶら下がっていた。

少し離れたところで中年の男が、たぶんサラリーマンだと思うが、少し体を揺《ゆ》らしながら吊り革にぶら下がっていた。

その男の前には、これまた酔って眠りこけている若者がいた。よくあるポーズだが、シートに浅く腰かけ、だらしなく両脚を広げていた。

電車がガタンと揺れ、少したって若者の怒鳴り声が響いた。「何すんだ!」と叫んだのだ。中年の男が揺れ動いて若者の足を踏んだらしい。車内のにぎやかな会話が一瞬途絶えた。

その瞬間だった。

「アンタが悪い」というのどかな声が響いたのだ。若者の隣に座っていた50代の、やっぱりサラリーマンらしい男の声だった。

「アンタの長い脚はずっとぼくに凭《もた》れていたんだ。靴を踏《ふ》まれたぐらいで怒るなら、ぼくもアンタを怒らないといけない」

車内に笑い声が広がり、若者はそのまま黙り込んだ。見事なもんだなとぼくは感心した。

いまにして思えば、あの50代のサラリーマン氏は不良社員だったに違いない。言いたいことを言い、やりたいことをやってきたサラリーマンだったに違いない。

もちろんぼくの思い込みかもしれないが、誰の目にもその非が認められる状況で、「アンタが悪い」とサラリと言ってのける臂力《ひりょく》は不良でなければ培《つちか》えない。自分に無関係な厄災は知らんぷりするのが「いい人」の常識なのだ。

たとえば上司が指示を出した仕事なのに、うまくいかないと自分の責任は棚上げして部下の怠慢《たいまん》だけを責める。会議では自説を延々と繰り広げ、押し黙っている部下を積極性がないと責める。

上司でなくてもこんな手合いはゴロゴロいる。

他の女に色目を使いながら自分の恋人を浮気性だと嘆く。

値切りに値切って買った車が故障ばかりだと怒る。酔った勢いでタクシーの運転手に絡《から》んだら引きずりおろされたと憤慨《ふんがい》する。

こんなの、全部「アンタが悪い」ですむ。軽やかにそのひと言を発すればすべて終わりだ。けれども「いい人」にはできない。上司の小言は我慢して聞いたり、同僚の愚痴《ぐち》は一緒になって「そりゃひどい」とか口走ったりする。腹の底ではつき合いきれないと思いつつ、合わせてしまう。

不良社員に人望があるのは、「アンタが悪い」と爽やかに言えるからだ。言いたいことをすっきり代弁してくれる。

その結果、相手が上司なら烈火のごとく怒り出すだろう。同僚も怒る。「どっちの味方なんだ」と息巻く。

でももう、「勝負あり」だ。それは周囲にもわかる。実は、相手にもわかっている。まして不良社員は自分の言葉が間違っているとは思わないから、相手の怒りなんか気にしない。

だからやっぱり共感が生まれる。その共感ははっきりとかたちにはならないかもしれないが、人望力なんてもともとそういうものだろう。

ほんの少しの勇気が変えること

仕事帰りに会社のみんなと飲みにいくことになった。ほんとうは用事があるのに先に帰ると言い出せない。こんなとき、「じゃ」と言って帰っていく同僚がいる。誰かが「つき合いの悪いヤツだな」とつぶやく。このひと言が怖いのだ。

オレだって用事があるのにつき合っているんだ、少しぐらいいいじゃないかと無理にでも自分を納得させようとする。

帰りたければ帰ればいいのだ。つき合いの悪いヤツだと思われてもその場限りのことだ。居残る自分が惨《みじ》めになるだけだろう。

さっさと帰った同僚は居残った仲間たちにけっこう強烈な残像を残す。口ではどうケナそうと、本音を言えばその同僚の態度が羨ましいのだ。自分が取るべきほんとうの態度はあっちだったと気づいている。

「いい人」と言われるよりも、自由奔放なヤツだと言われたい願望が誰の気持ちの中にもある。

「いい人」にはどこかウソがあると思うのはここのところだ。自分の気持ちを偽《いつわ》ってもいい格好をする。ものわかりのよい人を装う。

ほんとうは聞きたくもない愚痴でもつい耳を貸してしまう。「そんなこと興味ないよ」と言いたいのに我慢してしまう。さっと席を立ちたいのに、座ったままニコニコ頷いてしまう。

そうやって我慢することが大人だと思っていないか。少しぐらい自分の気持ちを抑えても、それに耐えられるのが大人だと思っていないか。

そうだとしたら、「大人」を間違えて解釈している。自分は自分、他人は他人というスタンスをさりげなく守れなければ、大人の入り口にさえ立てない。

そんな話は聞きたくない、オレは帰る、関係ないよ。気持ちの中では何回もそう言っているのに口に出せないのは打算だろう。口に出したら嫌われるという打算だ。

もっと自分に正直になれ。そのためにはほんの少しの決断をするだけでいいのだ。聞きたくない話は聞かない。これぐらいのことは、ほんの少しの勇気があれば簡単にできる。

帰りたいときも同じだ。いつも迷いながら結局帰らないほうを選択してきた。二次会までつき合ってきた。「いやなものはいやだ」とひと言自分に言えるなら、ダラダラしたつき合いは切り捨てられたはずだ。

これは軽さの問題だ。いま、目の前にある問題は深刻に考えない。ジットリ考えずにしなやかに考える。最初に心に浮かんだ気持ちを大切にする。これでキミも立派な不良社員だ。

公的時間でも「いやなものはいや」で通るか

「いやなものはいや」「嫌いなものは嫌い」という態度はいちばんスッキリしている。しかしこれをやられたら会社は成り立たない。会社どころか世の中が成り立たない。ダダをこねる子供に対して親は力ずくでも従わせるか、根気強く説得する。それと同じように、「いやなものはいや」という気持ちを大人は力ずくで封じ込めるか、理詰めで抑え込むかする。

力で封じ込める場合は義務や責任を持ち出す。仕事がその典型で、「いや」とか

「嫌い」は通用しない。「仕事なんだ」と自分に言い聞かせる。

ところが理詰めで抑え込むときもある。この場合は打算や損得や人間関係や他人の評価や、とにかくいろんな要素が入り込んでくる。

「いや」とか「嫌い」という自分を何とかなだめすかし、気持ちを切り替えようとする。当然のことながら、他人が絡んでくる場合だ。会合や酒席がいちばんいい例だし、仕事とは無関係なさまざまなつき合いも含まれてくる。休日のゴルフとか上司が席を設《もう》けた集まりとか仲間同士のパーティーなんかだ。

内心では「いやだな」と思う。話題は退屈だし少しも楽しくない。いままでも何度か出たけど、いつも後悔した。でも声をかけられたし、出てくると思われている。すっぽかせば必ず何か言われるだろう。

だから最後は苦しい説得をする。

「まあ、顔ぐらい出しておこう。後々のことまで考えれば損はないんだから」

ところがふと気づくのだ。しぶしぶ出かけた会合や酒席に集まるのはいつも同じメンバーだ。「やあ」と目配せすれば挨拶の終わる顔ぶればかりだ。不良社員の姿はまず見えない。「アイツどうした」という話題にも上らない。

声をかけたって気まぐれだから、誰もあてにはしていない。

それで何か不都合が起こるか？

何も起こらない。「そういうヤツだ」と誰もが思っているから悪口なんか出てこない。むしろ内心、「気ままでいいな」とみんなが思っている。「ああなってしまえば楽だろうな」と羨んでいる。

「いやなものはいや」これは子供の理屈だ。でも大人の社会にだって子供の理屈が通じる場面はいくらでもある。

出たくもない会合や酒席など出なければいい。べつに迷惑はかけないし、悪口を言われることもない。あとで理由を尋かれたら「気が向かなかった」でいいだろう。

上司が絡もうが、同期のライバルが集まろうが一切関係ない。「いやなものはいや」と背中を向けてしまえば、気分が軽くなるものが世の中にはたくさんある。それがわかればあっけないぐらいに息苦しさが消える。

不良社員が元気なのは、いつも新鮮な空気を吸っているからだ。「いやなものはいや」と切り捨てて、好きな世界に気の向くままに飛び込んでいるからだ。

「いい人」も本音では不良社員の気ままさに憧れる。どんなに理詰めで抑え込んでも、「いい人」の中にだってわがままな子供がいるのだ。その子供が、不良社員を見るとムズムズしてしまう。

いまふと気づいたことだが、子供時代に好きだった大人というのは少しも偉くなかった。偉い大人は怖い。好きな大人はどこか遊び人で、気まぐれで、何をやっているのかわからない大人だった。

まあそういう大人でなければ昼日中に子供とつき合ってはくれない。

ああいう子供心はサラリーマンになっても残ってるんじゃないか。「寅さん」がみんなに愛されたように、不良社員はやっぱり愛される。尊敬はされなくても、愛されるなら楽しく生きていけるのだ。

後ろめたさを抱えるな

「いやなものはいや」という切り捨て方は、後腐《あとくさ》れがないはずだ。自分がいやで切り捨てたものを後で欲しがってもしようがない。好きなように行動するのだから、他人の悪口や反感なんか気にしていられない。

不良社員の行動には、そういう意味でのいさぎよさがたしかにある。他人の評価とは無縁に動いているのだから、言い訳や弁解も無用なのだ。

では自分を律するものがないかと言えば、そうではない。最低の責任さえ果たさなくなったり、不正に手を染めることまでやってしまえばすぐにクビを切られる。好き勝手に動いている不良社員が、それでも社内で一目置かれているのはやるべきことをやっているからだ。誰もが守らなければいけない規則はきちんと守っているからだ。

上司に逆らうことはあっても、仕事上の約束事は守る。いつもはさっさと席を立つ不良社員だが、溜《た》まった仕事を片づけるときはたった一人で遅くまで残業している。そういう寡黙《かもく》で勤勉な図というのも、不思議なことに不良社員にはよく似合う。まじめなんだか不まじめなんだかよくわからないのが彼らの特徴だ。

でもよく考えてみれば、不良社員のこういう特徴はごく自然なことではないか。

なぜなら自分に後ろめたさやましさがあったら好き勝手に振る舞えない。つっ突かれてホコリの出る体なら、目立つわけにはいかない。集団に紛《まぎ》れて平凡を装い続けるしかない。

　だとすれば、不良社員が不良であり続けるためには、自分を強く律さなければいけない。基本的な部分に何の後ろめたさも持たないことが前提になってくる。

　巨額の横領事件が発覚すると、たいていの人は「なぜいままでバレなかったのか」と不思議がる。「誰も気がつかないなんて、よほどずさんな会社じゃないか」と思ってしまう。でもバレなかった理由は簡単で、犯人は不良社員じゃなかった。むしろ社内では「いい人」に属する人間だった。

　横領するような人間は、長期の有給休暇なんか取らない。どんなに疲れていても、休めと言われても休まない。休んでいる間に帳簿を調べられたらと、気が気じゃないからだ。

　上司の誘いも断らない。心証を悪くされて部署が異動になればたちまち横領が発覚するからだ。

　つまり、自分に後ろめたさを抱える人間はどうがんばっても不良社員にはなれない。不良社員が見せるいさぎよさや清々《すがすが》しさは、「いい人」から見れば羨ましい限りなのだ。

もちろん「いい人」にはすべて後ろめたさがあると言うつもりはない。けれども仕事に絡んだ人間関係の中に、「いい人」はある種の「後ろめたさ」を抱え込んでいる。他人や上司におもねる自分、保身のために白を黒と言い換える自分、いじめに加担する自分、そういう本人でなければわからない「後ろめたさ」がどこかに潜《ひそ》んでいる。

だから不良社員が羨ましい。好き勝手に行動している人間が、ときに眩《まぶ》しくさえ感じるのはそのせいだろう。

契約は契約と割り切る

友人からの借金がいやなのは情が絡むからだ。借りるほうはもちろんだが、貸すほうも気が重い。「ああ、これでいままでみたいな気楽なつき合いができなくなるかもしれないな」と思う。

ぼくは基本的には友人とのカネの貸し借りはしない。若いころからずっとそうだった。さっきの言い方に戻るなら、「いやなものはいや」だった。なぜいやか？

お互いに契約として割り切れなくなるからだ。いくら借用書を交《か》わそうが、貸したほうには不安や後悔や白々しさが残る。決していい気分ではない。借りたほうも同じで、負い目や屈辱感や空《むな》しさが残る。

借りてホッとする気分より、そっちのほうが大きい。むしろはっきり断られたほうが気持ちはサバサバする。

契約というのは割り切ることで初めて成り立つ。一切の感情は排除して、紙切れ一枚に記された約束をお互いに実行するから契約が成り立つ。文句や情が入り込んでいいのなら、契約はそもそも意味がない。

サラリーマンでいえばまず仕事だ。書面は交わさなくても仕事はすべて契約だ。取引先があればもちろんのことだが、社内で進める作業も社内の人間同士が契約したことだと割り切るべきだろう。

ところがその契約に情が絡んでくる。文句や反撥《はんぱつ》や優先順序まで絡んでくる。ふたつの契約をはかりにかけて得するほうを実行したりする。

たとえばキミが経理部から遅れている伝票の処理を催促される。向こうだって仕事だから強い口調で言ってくる。

キミは「明日の朝いちばんに」と返事する。「今日、2時間ほど居残って片づけるしかないな。そうすれば明朝いちばんに提出できる」頭の中でそう考えたのだ。ならば「明日の朝いちばんに」と返事をした時点で、ひとつの契約ができあがったと思うべきだ。経理部の担当者はそのつもりでいる。

ところが夕方になってキミの上司が突然、接待の用を言いつける。大事な得意先の接待に同席してくれと命令する。

不良社員ならそんなとき、「伝票の整理があるから行けません」と答える。もちろん上司はそんな言葉に耳を貸さない。まあこの場合、不良社員に大事な接待を申し付けるかどうかという疑問は置いておく。

問題はキミで、上司の命令にどう返事するか。とりあえず頷くしかない。「わかりました」と返事し、キミが少しでも契約意識を持っているなら経理部に連絡する。事情を説明して、伝票処理を遅らせてもらえるように頼む。

それで話が通れば問題はないが、経理部がつっぱねたらどうするか。「約束は約束だ」と言い張ったらどうするか。

従うしかないだろう。向こうの言うことは少しも間違っていないし、そもそも伝票処理を遅らせたキミが悪い。明日の朝、2時間早く出社して片づけるしかない。

ぼくが言いたいのは、そのときどこまで割り切れるかということだ。約束は約束として淡々と実行できるかということだ。

経理部を逆恨《さかうら》みしたり、朝になって自分に言い訳したりしないかということだ。接待で遅くなったんだから仕方ないじゃないかと寝坊するのは最悪だろう。

さっきぼくは、不良社員は強く自分を律するから好きなことができると書いた。律する原則は契約を契約として割り切ることだ。それができて初めて、相手の怠慢や不誠実をはばかりなく指摘することができる。「アンタが悪い」と爽やかに指摘できる。

だから不良社員は見かけほどデタラメではない。いまのケースで言うなら(接待の役を言い渡されたとして)、翌朝はちゃんと2時間前に出社して伝票を片づける。涼しい顔で経理に渡し、さっさと姿をくらましてどこかで昼寝する。

「いい人」は逆で、謝ればすむだろうとまず考える。あるいは自分の責任をうやむやにするために、別の誰かに責任をかぶせる。契約しても守れないときはどっちかの方法を取ればいいと考える。

だけどこれをやると、四方に持ちつ持たれつの関係ができあがる。相手の見えすいた謝罪にも曖昧に頷くし、責任転嫁も深く追及できない。自分がやっているのだから相手を責められないのだ。

そういう人間が集まって「いい人」の集団ができていく。少しずつ「借り」や「貸し」を持った集団だ。これは気持ち悪い。

だって切り捨てられないじゃないか。友人同士の貸し借りがいい例で、ズルズルと続いてしまう。縁を切りたくても切れない。

ぼくはもし、友人にカネを貸すことがあったらそのカネは戻ってこないと覚悟する。そうなったらあきらめようと心に決める。

あきらめるのはカネではない。その友人だ。二度とつき合わない。「いい人」ぶってつき合ったところで、お互いに時間の無駄ではないか。

冗談じゃない!! 何で俺が　そこまで やらなきゃならないんだ

いけない！ こんなことでは いけない……
しっかりしろ 島耕作!!

決して他人を侮《あなど》らない

不良社員の人望力に気づくのは、意外な人間が意外な評価をしているからだ。たとえば出入りの業者に評判がいい。清掃会社から派遣されているおばさんに人気があったり、出前のラーメンを持ってくるお兄さんに慕《した》われていたりする。社内的な接触がめったにない受付嬢に評判が良かったり、社長のお抱え運転手と仲が良かったりする。あるいはオフィスの花とまで評判の高いＯＬが不良社員にバレンタインのチョコレートを堂々と渡したりする。

不良社員はまったく油断がならない。

けれども「いい人」にも何となくわかるのだ。不良社員には裏表がないし、元気がいい。言いたいことは上司が相手でもズケズケ言うけど、そこに悪意や陰湿さがない。

「それはスーパーサラリーマンじゃないか」と思うだろうが、ちょっと聞いてほしい。

実は不良社員というのは、他人に対して謙虚さを持っている。「いい人」を少しもバカにしてない。自分には興味がないから近寄らないだけで、どんな人間であっても決して侮ったりはしない。興味さえ持てば、立場や状況なんて関係なしにつき合う。相手の肩書とか社内的な評価なんてまったく気にしない。

話は少しだけそれるが、女はなぜ不良に惹《ひ》かれるのだろうか。

この本の前半で、女に「いい人ね」と言われた男はガックリすると書いたが、裏を返せば男も不良に憧れる。「オレはそんないい人じゃないんだぞ」という気持ちがどこかに巣くっている。

けれども不良を気取ったところで無駄なのだ。ポーズをどんなに繕《つくろ》っても、「いい人ね」とやられてしまう。あの見分けはどこからくるのか。

平凡な答えのようだが、女は男よりはるかにおもねる相手を見抜く力がある。

地位や能力や権威にこだわらず、自分自身を冷静に見る習慣があるから男の媚《こ》びへつらいにすぐ気づく。いやみな言い方をすればひがみっぽくて誇《ほこ》り高いのだ。

そういうとき、不良社員は平然と近寄ってくる。ひがみも劣等感も、あるいは優越感も一切無視して近寄ってくる。

無邪気だし、無頓着だ。自分の興味あるものにしか関心がないから、フラリと近寄ってフラリと消える。

それができるのは、決して相手を侮らないからだ。その場その場で、自分の目の前にいる人間とはつき合う限り真剣につき合う。真剣というのは不良に似合わないから、気楽と言い換えよう。でも相手を大事にする。

「いい人」にはこの単純さがない。通りいっぺんの挨拶はするし礼儀も守るが、フラリと近寄る気楽さがない。

それをいいほうに解釈すれば遠慮や慎《つつし》みだろうが、実は計算が働く。落ち目の上司や窓際族と仲よくなってどうするんだ。出入りの業者はしょせん、こっちにペコペコする立場じゃないか。いくら美人でも鼻の高いOLなんて放っておけ。そう自分に言い聞かせる。

だけど、落ち目でも窓際でもおもしろそうな上司はいるじゃないか。出入りの業者でも話をすれば同僚よりはるかに楽しい相手はいるじゃないか。鼻が高く見えても笑えば気持ちの和《なご》む美人もいるじゃないか。

そういうの、まとめてどんどんつき合うのが不良社員だ。そのときそのときで楽しくつき合うのが不良社員だ。

この気楽さは、いつも相手を侮らない気持ちがなければ出てこない。女が不良に惹かれるのも同じで、言葉や態度はともかく、不良は相手を侮らない。「いい人」は侮るが、「いい人」の中にいる子供の部分は決して侮らない。なぜなら自分がそうだからだ。そういうのは、すごく誠実なことではないだろうか。

不機嫌な気分で人と会うな

単純な話を続ける。

「いい人」でも好きなことをやれるときがある。日ごろは毛嫌いしている相手にも気軽に挨拶でき、しかめ面の上司の前にも臆せず立てるときがある。気分も体調もいいときだ。気持ちがフワフワ浮かれて、怖いものなしの心境になってしまう。

でも、気分も体調もいいときとはどんなときか。疲れていないときだ。よく眠れて食欲もあるときだ。こんな答えは怒られそうだが、事実だから仕方がない。

仕事がうまくいったとき、と思うかもしれない。ずっと悩んでいたことが解決したとき、と思うかもしれない。

でもそういう狭い限定をしてしまったら、好きなことをやれる日なんてめったにない。仕事は結果が出るまでに時間がかかるし、悩みを抱え込んだら気分も体調も悪くなる。

不良社員はいつも機嫌がいい。

悩みなんかないように見える。

それも当然で、責任をきっちり果たしてあとは好きなことをやっているのだ。自分を律し、解き放つという緩急自在さがあるのだ。

でももっと大事なことがある。

不良は格好つけたがるから、落ち込んでいるときには人前に出てこない。かれらにはかれらなりのダンディズムがあって、自分の弱さ惨めさは決して他人に見せない。早い話が体調の悪いときは人と会わないのだ。

覚えがあると思うが、疲れているときや体調の崩れているときはつまらないことでイライラする。それで周囲に八つ当たりするならともかく、「いい人」は慰《なぐさ》めを求める。

気分も落ち込むから、甘えたり愚痴っぽくなったりする。「いい人」の集団はそんなキミをちゃんと慰めてくれる。

でもキミは必ず後悔する。「ああ、ミットモナイところを見せたな」と後悔する。「いい人」の集団に借りを作った気分になる。だからいつまでも抜けられない。

いちばんいいのは不良社員に見習うことだ。いつも元気でいるのは、元気のないときに姿を消しているからだ。

姿が見えなくても心配されないのはかれらの特権で、どこかでぐっすり眠っている。眠り足りて食欲も戻れば、つまり元気になればいつものように好き勝手に動き回る。自分の体や気分を大切にする。これも「いい人」のしがらみから抜け出すときには大事なことだ。

自分がいやなことは相手に要求しない

「いい人」は神経を逆撫ですると書いたが、不良社員は誰の神経も逆撫でしない。苦苦しく思う人間はいるかもしれないが、そういう人はどのみち「いい人」にしがみつくしかない。

「いやなものはいや」こそ不良社員の大切なものさしだった。こんな単純でわかりやすいものさしもないだろう。

本気でそう思い、そう実行するのが彼らだ。そのためには後ろめたさなんか抱え込まないように、やるべきことをきちんとやっている。

当然ながら、他人がいやがるものも要求しない。対人関係にそういう厚かましさは持っていない。だから好かれるのだ。

「いい人」はどうなのだろう？　気づかい、気配りには抜け目のない「いい人」はどうなのだろう？　自分がいやだと思うことは決して他人に要求しない。そう信じていいだろうか？

答えは「NO」だ。

理由は簡単で、「いい人」はいやなことでもしぶしぶやるからだ。相手を見、状況を見て損がないと思えばやる。断れないと思えばいやなことでも実行する。

だから、周囲の「いい人」にも自分がいやなことを平気で要求する。

サラリーマンになったばかりのころ、上司に酒をつぐというのがどうも苦手だったじゃないだろうか。つがれてかしこまるのも落ち着かないが、上司の杯《さかずき》を気にしながら酒を飲むほうがもっと落ち着かない。中にはひどい上司もいて、空になった杯を無言で差し上げる。慌《あわ》ててつぎたすしかない。

ぼくがそのときふと思ったのは、この上司はおそらく、ヒラのころにさんざんいやな思いをして上司に酒をついだのだなということだった。

そのいやな思いを忘れていないから、横柄《おうへい》な態度で自分の地位を誇示しているのだなということだった。

不良社員は上司の杯なんか見向きもしない。「おい！」と促《うなが》されたときは「あ、空《から》ですね」と答えて徳利《とっくり》を渡す。不良社員のイメージが格好良すぎるけど、ぼくがこの章で描く不良社員とは「いい人」の対極にいるのだ。だから思うとおりに書かせてもらう。

「いやなことはいや」という態度を貫《つらぬ》けば、自分がいやなことは相手もいやだとすぐにわかる。だから要求しない。

でも、誰もがいやがることが目の前にあったらどうするか。いやでもやらなければいけないことが残されたらどうするか。

「しようがないな」と言いながら体を動かすのが不良社員だ。スーツ姿で泥水をかぶるのが不良社員だ。いやなことには手を出さないくせに、いざとなれば先に立つのが不良社員の面目なのだ。こういうのも格好良すぎるだろうか？

「いい人」はカッコ悪い

前半の章で「いい人」のエエカッコシイについて触れた。その場を取り繕うためにいやなことでも笑顔で引き受けるのがエエカッコシイだった。

「いい人」のエエカッコシイは格好いいか？

少しも格好よくない。見え透いているし無理がある。どんなに自然体を装ったつもりでも、「いい人」の胸の中に割り切れない気分が残っている。そういう自分を格好いいとは思えない。

実を言うとぼくは、「いい人」に足りないのはほんとうの格好良さだと思っている。「いい人」こそ、もっと本気になって格好良さを求めるべきだと思うのだ。

不良社員が格好いいのは、そういう自分が好きだからだ。自分を好きなら元気だし明快に振る舞える。思うとおりに行動し、それで気分がスカッとすれば誰だって自分が好きになる。

でもそれだけでは、誰の目にも格好良くは映《うつ》らない。ただのわがままであり、勝手気ままな振る舞いとしか映らない。好かれることなんてないだろう。

けれども不良社員には大切な掟《おきて》がある。「いやなものはいや」だからこそ、相手にもそれを要求しない。相手を喜ばせようとするサービス精神などみじんもないが、それは同時に厚かましくないということだ。

ふと気が向いて声をかけても、相手は一瞬のためらいを浮かべただけで手を振って去っていく。そういうあっけなさがかれらにはある。他人に執着しないからそれができる。

泥水をすすんでかぶるのも同じ理由からだ。誰もが尻込みする場面では誰もが同じことを考えている。自分以外の誰かが動かないかと待ち望んでいる。自分より他人に執着しているのだ。

不良社員にはこのまどろっこしさが我慢できない。自分に関わりのあることなら自分が動けばいいと思っている。関わりがないと思えば「いやなものはいや」ですませるが、自分を含めた誰かが動かなければならない場面では、自分が動いてしまう。

矛盾するようだが、労苦をいとわないところが彼らにはある。だから後ろめたさを引きずらないのだ。だから格好いいし、好かれる。あらゆる意味で他人に執着しない。「いい人」から抜け出す最初の一歩は、このあたりにあるだろう。

「ガンバレ」とは言わない

「いい人」は他人を励ますのが好きだ。こういう言い方は誤解を招きそうだが、励ましたり励まされたりするのが好きだ。

酒場でよく見る光景だが、愚痴をこぼす人と慰める人がセットになって飲んでいる。あれはあれでお互いにストレスの解消になっているのかもしれないが、ぼくにわからないのが慰める人の笑顔だ。

励ましの笑顔だと思うが、よくもまあ、他人の愚痴に笑みを絶やさず長い時間つき合っていられるものだと感心してしまう。皮肉な見方をすれば、愚痴を肴《さかな》に酒を飲んでいるようなものだ。

「いい人」はなぜ、他人を励ますのが好きか。

ひとつはまず、善意の人でありたいからだ。冷たくあしらうのはいいことじゃないと考えているからだ。

でももうひとつあるような気がする。

反論覚悟で言うのだが、結局は冷たいんじゃないか。

他人の窮地や悲しみに同情はしても、自分を投げ出してまで救ってやろうという気持ちはサラサラない。何もできないとわかっているからだ。というより、何かしてやろうという気がないからだ。その冷たさを隠すために励ます。「ガンバレよ」と声をかける。

立場を逆にして考えてみよう。

キミが自動車事故を起こして加害者になったとする。いやなたとえだが、もしほんとうにそんなことがあったら落ち込んでしまうだろう。暗い気持ちで毎日をすごすだろう。それでもなんとか気を取り直そうと自分を励まし続けるだろう。

そんなとき、「ガンバレよ」と声をかけられてどう思うか。「いつか忘れるよ。それまでガンバッテくれ」と励まされたらどう感じるか。

少しも嬉しくない。ガンバルしかないことぐらいキミだってわかっているのだから、むしろ神経を逆撫でされてしまう。いまこれだけガンバッテいるんだから放っておいてくれと言いたくなる。

「ガンバレ」なんて言葉は、いま苦しんでいる人間にとっては言わずもがなの干渉でしかない。厚かましく無神経な好意でしかない。

阪神・淡路大震災のとき、被災者の多くから「ガンバレ」がつらいという声が上がった。覚えているかもしれないが、降って湧《わ》いた不幸にうちひしがれ、それでも必死にがんばっている被災者にとって「ガンバレ」は少しも励ましにはならないのだ。たとえ善意から出る言葉だとしても、「これ以上、どうがんばれというのか」と反撥する気持ちさえ生まれる。

「いい人」は気安く「ガンバレ」と言う。

でも「いい人」だってガンバレと言われて反撥したことがあったはずだ。「慰めなんか言うな」と内心では怒ったことがあったはずだ。それなのに、他人には同じ言葉をかけてしまう。

これも結局、さっき書いた「自分がいやなことを相手に押しつけている」ことだ。ガンバレのひと言が少しも人の心を動かさないと知りながら、善意を装おうとするからこうなる。

相手の愚痴を聞きながら酒を飲むサラリーマンも同じだ。聞きたくもないし慰めるのもバカバカしい。

けれども、そのいやなことを相手が押しつけるのだから、白々しい気分を隠して励ましてやる。どっちもどっちだろう。

不良社員は「ガンバレ」なんて言わない。力を貸せないときには黙って見守るか、放っておく。それがいちばん、がんばっている人間にとっての励ましになると知っているのだ。

遠慮は難しい美学だと思え

いまの話にもつながってくるのだが、励ましと同じで遠慮にも安易に考えてはいけない厳しさがある。

「いい人」はしばしば遠慮深く、不良社員はしばしば無遠慮だが、それをそのまま善し悪しと決めつけられないことが多いのだ。

ぼくは遠慮というものは曖昧さがあってはいけないと思っている。ポーズであってはいけないと考えている。

ところが、「いい人」の集まりでは遠慮がタテマエになってくる。まず遠慮し、つぎに甘え、最後は無遠慮になる。

「いい人」同士のつき合いというのはだいたい、こういう流れだ。

これと正反対なのが不良社員で、最初から遠慮なんかしない。最後まで無遠慮で通す。では彼らは礼儀知らずか？

そうではない。彼らが遠慮するときには徹底的に遠慮する。文字どおり、その席に遠慮して近寄らない。ほんとうに遠慮を必要とする席には、顔も出さないということだ。

これから書くことは少し特殊な例かもしれない。

遠慮が美徳と見なされる世の中にはそれこそ無数の遠慮があるから、特殊な例を挙げて遠慮を語っても意味がないかもしれない。

それでも、キミが「いい人」から抜け出すときのヒントにはなるはずだ。そう思うから書いてみる。

30代の知人に聞いた話だ。

友人の妻がガンで亡くなった。医者にかかったときはもはや手遅れの状態で、それからひと月もしないうちに亡くなった。若いから進行も早かったのだろう。

まだ幼い子供がいた。家族思いの友人が大きな悲しみに包まれているのは周囲の誰にも想像がついた。

知人は数人の仲間と一緒に通夜に駆けつけた。みんな昔からの仲間だ。こういうときは励ましてやろうと思っていた。

ところが通夜に出て、喪主となった友人の顔を見た瞬間、自分たちの考えが甘かったことに気づいた。突然に妻を亡くした男は、痛ましいくらいに憔悴《しょうすい》しきっていたからだ。知人は無言で仲間たちと通夜の席を去ったという。

その帰り道、誰からともなく誘い合って酒を飲んだ。口数少なくボソボソと飲んでいるうちに、仲間の一人が「あいつはどうしたかなあ」と言った。「あいつ」とは、日ごろから無遠慮なかつての友人だった。

好き勝手に生きてはいたが、嫌われることもなかった。いまぼくが書いている不良社員をイメージしてもらえばいい。

「そういえば通夜には来てなかったみたいだな」知人が思い出して言うと、別の仲間がポツンと言った。

「あいつは来ないよ。そういうヤツだ」

この言葉に、非難めいた響きは少しもなかった。「そういうヤツだ」と言ったとき、仲間の誰もが心の底で納得していた。

これは、非常に難しいケースだ。

ぼくの知人が取った行動は少しも間違いではない。妻を亡くした友人を少しでも元気づけたいという気持ちにもウソはないだろう。

けれども、「あいつ」のように遠慮するのもひとつの選択だと思う。どちらが正しいかという問題ではなく、遠慮するときは徹底的に遠慮するというのもひとつの選択なのだ。

妻を突然に亡くした男を励ますとき、どんな言葉をかけるにしてもしょせん、遠慮が入る。何を言ったところで空しいし、慰めにもならない。

それなら最初から遠慮する。こういう選択をするのも間違いではない。

ケースが特殊だったから、ひと言だけつけ加えておこう。遠慮にもいたわりや精一杯の励ましがあることを忘れないでほしい。形式的な遠慮深さは形式的な励ましと同じでしかないが、本物の遠慮の中にはその人のほんとうの誠実さが隠れていることを忘れないでほしい。

人の心配するより
自分のことを心配した方が
いいんじゃないか
ってね……

第6章

「悪い社員」には力がある

「いい人」の人生は狭《せま》い

前章で「いい人」の対極に不良社員をイメージしてみた。

読んできて気づかれたと思うが、不良社員は子供っぽく見えてもはるかに大人だ。好きに生きているようだが、「いい人」には気づかないデリケートな世界をちゃんと見ている。

それは結局、不良社員がつまらないこだわりを持たないからだ。周囲の視線や他人の思惑に執着しないから、自由な目で世界を見渡すことができる。

つまり視野が広くて、かつ自在なのだ。うんと近くにもうんと遠くにも焦点を合わせることができる。

「いい人」はどうか？

どんなに大人ぶっても世界が狭い。

それも当然で、「いい人」は集団から抜け出せない。その集団の常識や価値観に染まりきっているから、知識がどれほど豊かでも導かれる結論や判断は集団の枠《わく》を超えることがない。

不良社員は自由に振る舞い、いきあたりばったりに行動することでますます世界を広げていく。片や沈滞、片や飛翔《ひしょう》だから、その差はどんどん広がっていく。

ときに墜落《ついらく》することもあるだろうが、沈滞していたら墜落も経験できない。だから「いい人」の人生はますます細く、狭くなっていく。

けれども不良社員はいつから「不良」になったのだろうか。横並びで入社してきた新人が、最初から「いい人」と「不良」に分けられたとは思えない。

持って生まれた素質はあったかもしれないが、それを曇《くも》らせてしまったのが「いい人」で、磨きをかけたのが「不良」という見方もできるはずだ。それがどこで分かれたのか。

辛酸《しんさん》を嘗《な》めて人生に自信が生まれる

ひとつだけはっきりと言えるのは、不良社員が失敗を恐れないということだ。というより失敗を苦にしない。

立ち直りが早いのだ。そうでなければ自由には生きられない。失敗を恐れたり、少しの躓《つまず》きにも立ち上がれないようでは限りなく不自由な人生しか送れない。

ではなぜ失敗を恐れないのか。

大きな失敗を自分で乗り越えたことがあるからだ。辛酸を嘗め、かつそこから這《は》い上がったことがあるからだ。

這い上がってみれば、世の中はいままでと違って見える。楽しそうに輝いているし、自由さや身の軽さがひたすら嬉しい。

けれども社内を見渡すともうひとつのことに気づく。わざわざ縮《ちぢ》こまって、不自由に生きている人間が大勢いるのだ。失敗や失点を恐れ、他人の目を気にし、誰ともうまくやっていくことだけ心している人間が大勢いるのだ。

それが「いい人」の集団だ。かつての自分もそうだったのかと、突然に気づいてしまう。

そのとき決心するんじゃないか。決心というほど大げさなものではないかもしれない。ごく自然に気持ちが吹っ切れてしまう。「オレは『不良社員』でいいや」と思ってしまう。悪い社員はこうして生まれるんじゃないか。

では、「いい社員」は失敗などしないのか？

しない。小さな失敗はするかもしれないが、それは「いい人」の人間関係がうやむやにしてくれる。大きな失敗などしない。そのために用心深く生きてきたのだ。四方八方に気をつかって生きてきた。つねに責任を取らずにすむように逃げ回ってきたのだ。

あるいはこういう人が混じっている。

かつて大きな失敗をしたが、「いい人」に助けてもらった。責任を不問にされ、さほどの辛酸も嘗めずにすんだ。そのかわり出世レースからは外《はず》れたが、生き残る道だけは残してもらった。

だから「いい人」の集団から抜け出すわけにはいかない。何だか陰気きわまりないサラリーマン生活だが、現実にこういう人物はいる。

辛酸を嘗めた人間は、決して「いい人」に助けてもらいはしなかった。「ガンバレ」と励まされ、「大変だったね」と遠慮がちに慰められたかもしれないが、そんな言葉が無意味なことを肌で感じ取った。

けれども、さりげなく手を差し伸べてくれた人はいた。無言で援助してくれた人はいた。

最後に這い上がったのは自分の力だが、他人との関わりにおいて何が大切なのか学んだはずだ。うわべの情けなど意味がないこともだ。

ぼくは、あえて辛酸を嘗めろとは言わない。つらいことなど経験しないに越したことはない。けれども何が起こるかわからない人生だから、どんな人にも不幸や失敗は訪れてくる。

大事なのはそのとき何を学ぶかということで、どう回避するかということではない。辛酸を嘗めることを恐れてはいけないのだ。そこから人生に揺《ゆ》るぎない自信が生まれてくるのなら、辛酸こそ「いい人」から抜け出すチャンスだと思うべきだ。

自分の弱さを正視できるようになれ

「不良社員」でいいんだと思えば、世の中の見方が少しずつ変わってくる。「いい人」

から抜け出したことで、いままで見えなかったものが見え始める。

そのひとつが、自分の弱さだ。

いままで目を背《そむ》けてきたコンプレックスを正面から見つめることができるようになる。他人に知られまいとして隠してきた弱みを、サラリとさらけ出せるようになる。「いい人」の集団は一人ひとりがコンプレックスを押し隠し、そのことで集団全体がコンプレックスから抜け出せなくなっている。

たとえばここにカネのない集団があったとする。またしても妙なたとえだが、わかりやすいと思うから続ける。

この集団も「いい人」ばかりだ。カネがないのは安月給というだけでなく、だらしないからすぐに小遣いに不自由する。そのくせ遊び好きだからなんとなく群《む》れてしまう。

だけどこんな集団に何ができるんだ。

ツケのきく店に毎晩集まって退屈な話題を繰り返すだけだ。酔いに任《まか》せてあれがほしいのどこかに行きたいのと口走るが、しょせんはできない相談だとみんなが知っている。

そういうとき、一人ひとりの「いい人」は自分がカネにルーズだから何の目標も持てないということを認めようとはしない。

「バカバカしいからツケで飲むのはやめようぜ。これをやってるから毎月、カネがなくて文句ばかり言ってるんだ」とはなかなか言い出せない。

つまり自分の弱さを正視できない。まして集団が集団の弱さを認めることができない。自分たちが揃《そろ》いも揃ってカネにだらしない、意志薄弱な集団だとは認めたくない。

仮に誰かがそのコンプレックスを口にしたとする。

「オレはダメだな。きちんと計画を立てて実行できない人間だな」

そう呟《つぶや》いたとする。

すると「いい人」の集団は寄ってたかって慰める。「オレだってそうだ」「安月給だから仕方ない」「ケチケチ暮らして何が楽しいんだ」。こう慰められれば、「それもそうだな」となってしまう。自分はごくふつうだ。自分はふつうなんだと言い聞かせてしまう。

たしかにその集団の中ではふつうだ。それでコンプレックスが消えてしまう。

「いい人」の集団は誰もがコンプレックスを抱えているが、誰もがそれを指摘しないようにする。自分が指摘されたらいやだから、気づかないふりをする。これはたしかに美徳だ。

でもそれで、コンプレックスが癒されるのか。弱みが消えるのか。

むしろ逆だろう。真綿《まわた》で包むように守られているだけのことで、ひと皮剝《む》けばヒリヒリと痛々しい。つまり過敏なのだ。コンプレックスも弱みも変わらずに残り続ける。

出世の遅れが誰の目にもはっきりとしている上司がいる。もちろんそのことは上司のいちばんのコンプレックスだ。

それを部下はよく知っている。だから出世を話題にはしない。上司と同世代で上司より上にいる人間のことを褒《ほ》めたりもしない。

もし上司が自分をさげすむように、「オレはせいぜい課長までの器《うつわ》なんだ」と言ったとしても、部下は「そのとおりですね」とは言わない。

この場合もやっぱり、寄ってたかって慰める。上層部には人事能力がないとか、力もないくせに運だけで出世する人間が多すぎるとか、課長はゴマなんかすれない性格だから部下には信頼されるんですなどと、部下はそれこそ束《たば》になってゴマをする。

でもこれで課長のコンプレックスは消えるか？

いくら人のいい課長でもそんなにメデタクはない。しこりのように出世の遅れているコンプレックスは残り続ける。

「不良社員」に弱みやコンプレックスはないのか？

とんでもない。

エリートでもないし模範社員でもないのだ。出世は遅れているし査定も低い。顰《ひん》蹙《しゅく》も買うし常識も破《やぶ》る。辛酸《しんさん》を嘗《な》めたかどうかは別として（社内の人間には気づかれない種類の辛酸もある）、叱責《しっせき》や失敗などいくらでもあった。

「いい人」に比べればはるかに振幅の大きな毎日を過ごしている。他人にほじくられたくない失態ならボロボロ出てくるはずだ。

ところが、そんな弱みやコンプレックスなど気にもかけない。少なくとも外見はそうだ。いじけたり気後れを見せる気配はなく、平然としている。万事にアッケラカンとして動じないのが不良の面目だから当然のことだ。

なぜそう見えるのか。

自分の弱みやコンプレックスを愉快に楽しめるようになったからだ。「どうしようもないな」と突き放した目で見つめられるようになったからだ。

ここが最初の一歩と覚えていただきたい。

弱みを笑って話せる人間の大きさ、手ごわさを知れ

誰だって自分の弱みを他人に握《にぎ》られたくない。この場合の弱みとはウソや裏切りや不正のことなんかじゃなくて、ただ単に気弱になる分野のことだ。つまりコンプレックスを抱いている世界のことだ。

またまた叱《しか》られそうなたとえだが、髪の毛が薄くなった男はそれをなんとか隠そうとする。分け目を工夫したりカツラを使おうかと真剣に考える。

けれどもどう隠してもコンプレックスは残る。隠していること自体がコンプレックスなのだから、これは図星だろう。他人に気づかれなければコンプレックスが解消するというのはウソだ。弱みが消えるというのはウソだ。

なぜなら、髪の毛の薄さをカツラで隠した男は、少しも隠さず堂々としている男に引け目を感じてしまう。

シーンをひとつ想定してみよう。

見事なハゲ頭の男が、露天風呂で気持ちよさそうにそのハゲ頭にお湯をかぶる。「いやあ、ハゲはこんなとき便利ですね」とキミに笑いかける。もしキミがカツラをしていたらどう感じるか。内心ではドキリとしつつ曖昧《あいまい》に笑うしかないだろう。おまけに「でも羨《うらや》ましいね」とハゲ頭がキミのカツラ頭を見る。いよいよドキリだろう。

そんなとき、自分のコンプレックスを一気に解き放つ方法はカツラを取ってニヤリと笑い返すことだ。「ハゲの醍醐味《だいごみ》」と言って自分もお湯を頭からかぶることだ。これで頭も気分もスッキリする。

最後まで隠せばどうなるか。忘れていたつもりの弱点、この場合なら髪の毛の薄さを思い出してしまう。隠したぶんだけハゲが広がったような気さえしてくる。そういうもんじゃないだろうか。

弱みを楽しめとはそういう意味だ。

弱みやコンプレックスを隠したところで消えやしない。

世の中にはコンプレックスをバネにして強く生きろと説《と》く人もいるが、それもずいぶん疲れる生き方だ。どこまでもコンプレックスにこだわり続けるという意味では、隠すこととどっちつかずじゃないのか。

弱みと感じたまま引っ込むか、弱みと思わせないくらい強く出るかの違いであって、ぼくはあんまり自然なやり方ではないと思う。

それよりはむしろ、アッケラカンとさらけ出す。弱みもコンプレックスも実際に存在するものだから仕方ないとあきらめる。

どうがんばってもなかなか消えないから弱みだし、コンプレックスなのだ。あるがままにさらけ出せば、ふっと気が楽になる。

たとえば好きな女と偶然出会ったとき、財布の中身が小銭だけなら「いま文無しなんだ」と言ってから公園のベンチで缶コーヒーでも飲む。そのほうが時間の無駄は省《はぶ》けるし気楽に話せるだろう。

弱みやコンプレックスを気にしなくなると、人間はひと回りもふた回りも強く大きくなれる。それも当然で、自分の中にあったマイナス・ポイントが消えるのだ。

いままでは、そのマイナス・ポイントがあったから臆病になった。あと一歩が踏み出せなかったり、マイナスを補うために余分な力を出してきた。

そのマイナスがなくなるということは、ゼロに戻ることではない。一気にプラスになることだ。気持ちの負担が消え、臆病さが消え、伸び伸びと振る舞えるということだ。

いわば長所が存分に発揮できる。不良社員の大らかさはそこから出てくる。

恥ずかしさにとらわれたらパワーを失う

恥と恥ずかしさは違う。

恥はたった一人で意識し、自分を嫌う大きな原因になる。恥ずかしさは他人の目を意識し、エエカッコシイが崩《くず》れたなと感じるときに生まれる。ただそれだけの気まずい気分にすぎない。

他人を騙《だま》すのは恥だが、他人に騙されるのは恥ではない。恥ずかしさだ。恋人を裏切るのは恥だが、恋人にふられるのは恥じゃない。恥ずかしいだけだ。

不良社員はこの恥と恥ずかしさをみごとに切り離している。「いい人」にはきちんとした区別ができない。いまの例で言うなら、他人に騙されるのも恋人にふられるのも恥だと考えてしまう。

恥と考えてしまえば、自己嫌悪に陥る。失敗を笑われるのも恥だし、弱みがバレるのも恥だ。

だから、臆病になってしまう。好きなことなんかできるわけがない。こんな人生には何のパワーも生まれてこない。

だから、キミにいま割り切ってほしいのは、恥ずかしさをいっときの気分として軽くみることだ。

とらわれたらいけない。恥ずかしいのは誰でもいやだが、注射みたいにその場だけの痛みでしかないと割り切る。皮膚の表面がチクリと刺されるぐらいで、5分もすれば消える痛さだと考える。

不良社員は恥ずかしさなんて気にしない。それは神経が太いからではなく、恥ずかしいことは恥じゃないと知っているからだ。

たとえば知らないことは恥じゃない。知識も経験もない分野に限らず、毎日の仕事の中でも知らなかったことがときおり出てくる。

それを「知らなかった、教えてくれ」と素直に質問することは少しも恥ではない。恥ずかしいかもしれないが、知ったかぶりでその場を切り抜けるよりはるかに気が楽だ。

けれども「いい人」は知らないことを恥と感じてしまう。いまさらこんな質問もできないなと考えてしまう。だから知らないことが話題になっても曖昧に頷《うなず》いてやりすごす。

これはさっき話したコンプレックスを隠すやり方だ。隠し通して他人に気づかれなければ恥はかかないですむ。オドオド、ビクビクしながら生きていくという選択だ。しばしば無遠慮に見え、言いにくいこともズバリと口にするのは不良社員の特徴だが、ああいう開き直りはどこからくるか。

恥ずかしさには慣れっこだからだ。好きなように生きる道を選べば、しばしば恥をかく。でもその恥はただの恥ずかしさであって、自分を嫌いになるような恥ではない。

髪の毛が薄いのも財布の中身が乏《とぼ》しいのも、恥ずかしいと感じることはあっても恥ではない。恥ずかしさなどすぐに慣れる。隠さずに自分からさらけ出してしまえば、少しも恥ずかしくなくなる。

「いい人」に不良社員の持つパワーがどうしても欠けてしまうのは、結局、恥ずかしさの範囲を広く考えてしまうからだ。広く、かつ深いと考える。だから、あれもできないこれもできないとなる。

やりたいことがあっても失敗したら恥ずかしいなと尻込みする。好きな女ができても相手にされなかったら恥ずかしいなと考える。

ここにも恥と恥ずかしさの混同がある。すべてを自分の恥と思うからいけない。不良は恥に敏感だ。他人の目ではなく、自分の気持ちの中に恥を感じる言葉や行動に対しては強い拒否感を持っている。

ケンカに勝ってもやり方が卑怯《ひきょう》なら恥なのだ。正々堂々と闘って負けることは少しも恥ではない。

恥に敏感ということは、いさぎよさを何より大切にするということだ。それさえ守れるなら、恥ずかしさなどものの数ではない。だから好きなことができる。かれらのパワーは、ほんとうの恥だけを断固として自分に戒《いまし》めるところから生まれてくる。

ほんとうのバランス感覚

一本調子の道だけを歩いてきた人間は、その中に留まる限り安定感がある。

銀行マンひと筋で30年も働いてきた男は、どこから見ても寸分の狂いもない銀行マンに仕上がるのと同じで、道を外《はず》さなかった人間ほど隙《すき》のない構《かま》えを持っている。けれどもいかにも固い。よく尖《とが》った鉛筆のように、無駄はないかもしれないがポキンと折れそうな危うさを秘めている。少し力を入れたり角度を変えたりすると、あっけないぐらい簡単に折れてしまう。

「いい人」は人間関係を巧《たく》みに築いていくし、常識があって危険に近寄らない。自分にとってどこが安全地帯かをよく知っているし、そこから外に飛び出さないように注意する。

少しでも危ないと思えばジリジリと身を引くこともできる。だからバランス感覚があるように見えるが、果たしてほんとうにそうだろうか。

振幅少なく生きることで、転ばないようにしているだけで、実はそれほどのバランス感覚など備えていない。ぼくはそう思っている。

つまり「いい人」で生きるということも、一本調子なのだ。無造作に危険に踏み込んだことがなかったから、いままでケガはしなかった。巧妙に責任を回避してきたから、大きな失敗もせずにすんだ。辛酸も嘗めなければ恥もかかなかったということだ。

さっきのたとえで言うなら、「いい人」もまた尖った鉛筆にすぎない。力加減に注意していままで使ってきたから折れたことはない。大きく角度を変えたり、ザラザラした紙に使ったことがないから折れたことはない。

ただそれだけのことで、「いい人」は自分たちが考えるほどバランス感覚があるわけではない。

不良社員には一見、バランス感覚が欠けて見える。周囲をハラハラさせるような危なっかしい場面がしばしばある。ところが彼らは転ばない。転びそうに見えてなかなか転ばないし、仮に転んでもすぐ立ち上がる。

それもそのはずで、自由に生きてきたのだ。好き勝手に行動してきたのだ。あっちにぶつかりこっちにぶつかりしながら、彼らはバランス感覚を鍛《きた》えてきた。

おまけに世間が広い。職場の人間関係を切り捨てたぶんだけ、さまざまな世界に足を踏み入れている。しょっちゅう姿をくらまし、道草や寄り道を楽しんでいるぶんだけ、自分の土俵が広くなっている。

こういう世間の広さも、彼らのバランス感覚を鍛えてきた。土俵が広ければ簡単には足を割らない。自由に動いても飛び出すことがない。少々押し込まれても踏ん張れる。

「いい人」は狭い土俵の中で慎重に動いてきた。俵の外にはみ出さないように注意してきた。でもそれでは、バランス感覚を養えない。

気持ちも体も萎縮しているから、強く押されればたちまち転げ落ちる。「いい人」が備えたつもりのバランス感覚とは、保身からくる用心深さにすぎない。

いつでもただの一人の男に戻れる大切さ

ずっと昔のことだが、盛り場の小さな居酒屋の主人がこんな話をしてくれた。

「商売だから大勢で来てカネ払いのいい客は嬉しい。だけど大事にしたくなる客は違う。カネは少ししか使わないが、一人でフラリと入ってきて長続きしてくれる客だ。月に2度か3度顔を見せ、うまそうに酒を飲んで機嫌よく帰っていく客だ」

これは何となくわかった。

「だけど困ることがあるんです。馴染《なじ》みになっても名前がわからない。だからいつまでたっても『お客さん』としか呼べない」

主人は出しゃばらない性格だから、客とは必要なこと以外あんまり話さない。話しかけられれば答えるが、自分から話しかけることはない。すると、一人でやってきて機嫌よく帰る客の名前を知る機会がない。

「名刺でももらえばいいのに」

そう言うと、主人は首を傾《かし》げた。

「それもいやですね。どこかの偉い人だったら気をつかっちゃいますから」

そうかもしれない。互いに気をつかわず、かといって馴れ合いもしないいまの関係がいちばんいいのかもしれない。大勢でやってきてカネも使ってくれる客は名前だってすぐ覚える。領収書は切らされるし、名刺も渡される。職場の人間関係がそのまま持ち込まれるから、聞きたくもない愚痴《ぐち》やうわさ話も耳に入ってくる。

主人に言わせれば、「サラリーマンってのは、仲がいいんだか悪いんだかわかりませんね」となる。

けれども、主人が言うように、そうでない人種がサラリーマンの中にはいる。仕事を離れれば勤め先も地位も肩書も消し去って、ただの一人の男に戻れる人間だ。名前すら消してしまって、ゆったりくつろいだ時間をすごせる男だ。こういう男になれるのも、不良社員の懐《ふところ》の深さではないか。

「いい人」はたぶん、不良社員のようには振る舞えない。一人で酒場に入ったとしても、酔えば勤め先を名乗ったり仕事を説明したり名刺を引っ張り出したりする。いついかなるときでも、組織や肩書を抜き去って自分を語ることができない。ただの一人の男にはなかなかなれない。

ということは、ただの一人の男とも出会えないということだ。相手の肩書にいつも目を向けてしまうということだ。「いい人」の人生の味気なさはこんなところにも現れてしまう。

酒飲みの知り合いが酔えばつい繰り返す話がある。題して「いちばんうまかった酒」。

まだ20代のころ、恋人にふられて寂しいクリスマスを迎えたんだそうだ。残業続きでデートを何度もすっぽかしたからだ。その日も一人遅くまで仕事を続けた。

街は賑《にぎ》やかで、カップルやグループ連れで溢《あふ》れていた。どの店もそういう客で混雑していると思ったから、ビル街の路地にポツンと明かりの灯っていた小さなバーに入った。

客は誰もいなくて、中年のバーテンがひとりグラスを磨いていた。

友人はカウンターに腰かけ、ビールを頼んだ。そしたらバーテンが静かにクリスマスソングのレコードをかけ、無言でシャンパンをついでくれた。レコードを聴きながら、彼も無言でそのシャンパンを飲んだ。

「赤い鼻のトナカイさんの歌だ。真っ赤なお鼻のっていうあの歌」

聴いているうちに笑みさえ浮かんできた。いま自分が腰かけている場所が、世界でいちばん幸福な場所に思えてきたという。

「あれがいちばんうまかった酒。酒を飲んで、あんなに幸せな気分に浸《ひた》ったことはない」

一人のただの男に戻れば、心底くつろげる時間が生まれる。不良社員だけがその喜びを知っている。

うん
うん
これでよかった

エピローグ――強くかつ好きに生きろ

ぼくの漫画はラストシーンから始まる。街で出会ったり、旅先で見かけた印象的な場面がまず浮かんでくる。

では、その場面に至るまでにどんなドラマが隠されていたのか。それを考えるのがストーリー作りだ。

ラストシーンはたったひとつだが、ストーリーはどのようにでも空想できる。自由に作っていくことができる。

この作業は仕事と考えればつらいときもある。締め切りが迫っているときはとくにそうで、イメージが膨《ふく》らまなくてもがいたり苦しんだりする。

けれども毎日の訓練、というほど大げさではないが、クセにしてしまうとおもしろい。行きずりの男や女たちがふと見せる仕草、振る舞いの中にどんな心の動きやドラマが隠されていたのか空想するのは楽しい。

もちろんすべて空想だ。本人たちのほんとうの気持ちなんかわかるはずがないし、知りたいとも思わない。

ところが世の中には、たったひとつの仕草や振る舞いや言葉からすべてを見抜かれてしまうと考える人がいる。喜怒哀楽をはっきり浮かべることで自分の心の動きがすべてバレてしまうと考える人がいる。それもかなり大勢いるはずだ。

そんなことはないんですよ、と言いたい。

嬉しかったら笑い、腹が立ったら怒り、悲しかったら泣いたところで、その人のほんとうの姿は他人にはわからない。どんなに素直にさらけ出しても実はわからない。なぜならたったひとつのシーンにすぎない。シーンはすぐに変わるし、人間の気持ちもすぐに変わっていく。すべてのシーンを見逃すことなく見続けている人間などいないのだから、すべて一回こっきりの場面にすぎない。

つまり他人との関係はその人間を目の前にしているときだけだ。あとはぼくがやっている空想、想像の世界に属する。

ほんとうのことなんてわからないし、わかるはずがない。これが真実だと思う。

「いい人」にはこの真実が見えない。他人はいつも自分の周りにいて、油断なく自分を観察し、正体を見抜こうとしていると考えてしまう。だから一人になってもあれこれ気にする。そこには自分がいないのに、他人が集まって自分を取り囲んでいるように錯覚《さっかく》してしまう。

そんなバカなことはないんですよ。

みんながみんなそういう幻想を持っているのだとしたら、「いい人」はあまりに呪《じゅ》縛《ばく》されていることになってしまう。

ぼくはこの本の後半で不良を登場させた。「いい人」たちの対極に置きたいから、かなり自由で奔放《ほんぽう》なイメージに描いた。

でも不良は少しも特別な存在ではない。

ひとつひとつの場面で、自分がどう見られても気にしないというのは、どうせわからないだろうと信じているからだ。

他人に理解されようが誤解されようが、それぞれの場面のたまたまの自分であって、決してすべてではないと確信しているからだ。

だから不良は他人をわかろうともしない。泣いている人間はいま泣いている、怒っている人間はいま怒っているだけだと思っている。はっきりしているのはそのことだけで、それ以外のことは知りようがない。

だとすれば、ひとつひとつのシーンではむしろ正直に自分を出したほうがいい。好きなように行動して、やりたいことをやって、他人にはそのまま評価してもらえばいい。そのほうが正確にわかってもらえる。いくら正確にわかってもらえても、どうせその場面だけの自分なのだ。

「いい人」から抜け出す決め手は、不良たちのこういう確信を自分のものにすることだろう。

「いまのわたしをどうぞ見てくれ」そう胸を張って生きることだろう。それからペロリと心の中で舌を出す。「もう次のシーンに入っちゃったよ」

キミは「いい人」を置き去りにして、別の世界で遊んでいればいいのだ。

一、気楽に生きろ
一、自分を好きになれ
一、後ろめたさだけは持つな

最後までこの三つだけ忘れなければいい。

本作品は一九九九年四月、小社より刊行された
『男は「いい人」になんかならなくていい』を
文庫収録にあたり再編集したものです。
企画／波乗社

弘兼憲史―1947年、山口県に生まれる。早稲田大学法学部を卒業後、松下電器産業販売助成部に勤務。退職後、1974年に漫画家としてデビュー。人生を考えさせる社会派作家として活躍し、小学館漫画賞、講談社漫画賞の両賞を受賞する。主な作品には『ハロー張りネズミ』『課長 島耕作』『部長 島耕作』『取締役 島耕作』『加治隆介の議』『ラストニュース』『黄昏流星群』などがある。エッセイには『覚悟の法則』（PHP文庫）、『加治隆介の政界案内』『「自分力」の底力に気づけ』（以上、講談社）、『なぜ、この人はここ一番に強いのか』『島耕作に学ぶ 大人の「男」になる85ヵ条』『「強い自分」は自分でつくる』『島耕作に聞く タフな「男」になる80ヵ条』『島耕作に問う 好かれる「男」になる80ヵ条』（以上、講談社＋α文庫）などがある。

講談社＋α文庫 島耕作《しまこうさく》に知《し》る
「いい人《ひと》」をやめる男《おとこ》の成功哲学《せいこうてつがく》

弘兼憲史《ひろかねけんし》

2005年1月20日第1刷発行
2005年9月7日第4刷発行

発行者――――野間佐和子
発行所――――株式会社 講談社
東京都文京区音羽2-12-21 〒112-8001
電話 出版部(03)5395-3530
販売部(03)5395-5817
業務部(03)5395-3615

装画――――弘兼憲史
デザイン――――鈴木成一デザイン室
カバー印刷――――凸版印刷株式会社
印刷――――慶昌堂印刷株式会社
製本――――株式会社千曲堂

落丁本・乱丁本は購入書店名を明記のうえ、小社業務部あてにお送りください。
送料は小社負担にてお取り替えします。
なお、この本の内容についてのお問い合わせは
生活文化第三出版部あてにお願いいたします。
Printed in Japan ISBN4-06-256913-2
定価はカバーに表示してあります。

講談社+α文庫 Ⓖビジネス・ノンフィクション

トヨタVS.ベンツVS.ホンダ 世界自動車戦争の構図　前間孝則
無公害車10%実用化を目指して世界のマッチレースが激化！ 自動車開発の勝者は誰か？　980円 G 36-5

コリアン世界の旅　野村 進
今までにない視点から在日韓国・朝鮮人の世界を丹念にルポした話題のノンフィクション　880円 G 37-1

アジア定住　野村 進／井上和博 写真
アジアに魅せられ、日本以外のアジア11ヵ国に生きることを選択した18人の生き方を追う　780円 G 37-2

脳の欲望 死なない身体《からだ》 医学は神を超えるか　野村 進
人間はどこまで神に近づいたのか？ 現代医療の現場から見えてきた医学が今できること　840円 G 37-3

フィリピン新人民軍従軍記 ナショナリズムとテロリズム　野村 進
民族、宗教、階級闘争……テロを生む様々な要因を克明に描いた著者渾身のデビュー作!!　940円 G 37-4

脳を知りたい！　野村 進
脳科学の最先端を限界ギリギリの平易さでリポート！ うつ、不眠……人体の秘密とは!?　781円 G 37-5

日本人は永遠に中国人を理解できない　孔 健
「お人好しの日本人よ――」これぞ、中国人の本音だ！ 誰も語ろうとしなかった驚くべき真実　640円 G 39-1

世界覇権国アメリカを動かす政治家と知識人たち　副島隆彦
誰も書けなかった、日本を牛耳る危険な思想と政策を暴く!! アメリカは日本の敵か味方か　1000円 G 40-1

ハリウッド映画で読む世界覇権国アメリカ㊤　副島隆彦
『ゴッドファーザー』『地獄の黙示録』……映画には、アメリカを読み解く知識がいっぱい　933円 G 40-2

ハリウッド映画で読む世界覇権国アメリカ㊦　副島隆彦
『明日に向かって撃て』『スター・ウォーズ』……。じつは知的で危険なシロモノだった!!　933円 G 40-3

＊印は書き下ろし・オリジナル作品

表示価格はすべて本体価格(税別)です。本体価格は変更することがあります

講談社+α文庫 Ⓖビジネス・ノンフィクション

100日で「朝型人間」になれる方法	税所　弘	第一人者の超実践法により、人間本来の生活リズムを取り戻し、きびしい時代を乗り切る	640円	G 41-3
アメリカ大統領を読む事典 世界最高権力者の素顔と野望	宇佐美滋	過酷な大統領選挙、世界を動かす重大決断。歴代の全ての大統領を丸裸にする決定版!!	980円	G 46-1
ポップ吉村の伝説[上] 世界のオートバイを変えた「神の手」	富樫ヨーコ	航空事故、全身大やけど、家族の死……苦難に負けず、サーキットで勝ち続けた男の生涯	800円	G 48-3
ポップ吉村の伝説[下] たった一人でホンダに勝った技術者	富樫ヨーコ	「このままでは恥だ！ 絶対にヨシムラに勝つ！ 徹底的にやれ！」ホンダ社内に激震が走った	800円	G 48-4
*巨人がプロ野球をダメにした	海老沢泰久	プレーの背後に隠された真実をデータを駆使して分析、未来をも予見する新・プロ野球論	780円	G 53-1
*「読売巨人軍」の大罪	海老沢泰久	危機にあるプロ野球再浮上のために必要なことは何か。特別書き下ろしを加え緊急出版！	780円	G 53-2
なぜ、この人はここ一番に強いのか 男の決め技100の研究	弘兼憲史	頼れる男になれ！ 人生の踏んばりどころがわかり、ピンチを救う決め技は男を強くする	680円	G 54-1
島耕作に学ぶ 大人の「男」になる85カ条	弘兼憲史	仕事・家庭・女・友情・趣味を自在にこなし、人生の勝利者になるための行動原則を伝授!!	580円	G 54-2
「強い自分」は自分でつくる	弘兼憲史	逃げない男、取締役島耕作。逆境は必ず乗り越えられる。失敗をしてもクヨクヨするな!!	640円	G 54-3
島耕作に聞く タフな「男」になる80カ条	弘兼憲史	本当の男らしさとは何か。男が社会の第一線で、強く生きていくために必要な極意を語る	640円	G 54-4

*印は書き下ろし・オリジナル作品

表示価格はすべて本体価格(税別)です。本体価格は変更することがあります

講談社+α文庫 Ⓖビジネス・ノンフィクション

- 島耕作に問う 好かれる「男」になる80ヵ条 ― 弘兼憲史 ― 男女を問わず信頼を得て、窮地に陥った時に手を差し伸べてもらえる「男」の謎に迫る！ 640円 G 54-5
- 島耕作に知る 「いい人」をやめる男の成功哲学 ― 弘兼憲史 ― 自分の中の「だけど」にこだわったほうが人生はうまくいく。潔《いさぎよ》さが生む〝人望力〟に迫る 648円 G 54-6
- 墜落遺体 御巣鷹山の日航機123便 ― 飯塚訓 ― 慟哭《どうこく》、錯乱、無惨。全遺体の身元はこうして確認された！ 現場責任者が全貌を明かす！ 680円 G 55-1
- ニュースの大疑問 最新版 ― 池上彰 ― ニュースの基本的背景や「からくり」を知っているのと知らないのでは大違い。役立つ一冊 800円 G 57-1
- 子どもの教育の「大疑問」 ― 池上彰 ― ふくれあがる親子の「教育不安」!! ゆとり教育への批判、学力低下の問題を徹底検証する 680円 G 57-2
- 刺青《いれずみ》クリスチャン 親分はイエス様 ― ミッション・バラバ ― 人間、誰だってやり直せる。生まれ変わった8人の元極道、感動の軌跡。衝撃の映画化!! 680円 G 58-1
- *企業舎弟《しやてい》 闇の抗争 ― 有森隆 グループK ― イトマン、住銀、興銀……。闇の勢力に蹂躙《じゆうりん》された企業の姿を描いた衝撃の経済裏面史!! 780円 G 60-1
- *無法経済の主役たち 「頭取・社長」という名の不良債権 ― 有森隆 グループK ― みずほ、マイカル、青木建設、雪印食品……。責任感のかけらもない悪徳経営者を許すな！ 840円 G 60-2
- *黒い経済人 「政・官・財・暴」のマネーゲーム ― 有森隆 グループK ― ヤミ金融事件、K-1脱税事件、ゼネコン汚職……。表社会と裏社会の癒着の構造に迫る 740円 G 60-3
- 機長の一万日 コックピットの恐さと快感！ ― 田口美貴夫 ― 民間航空のベテラン機長ならではの、コックピット裏話。空の旅の疑問もこれでスッキリ 740円 G 62-1

*印は書き下ろし・オリジナル作品

表示価格はすべて本体価格(税別)です。本体価格は変更することがあります

- 「人望力」の条件 歴史人物に学ぶ「なぜ、人がついていくか」　童門冬二　人が集まらなければ成功なし。"この人なら"と思わせる極意を歴史人物たちの実例に学ぶ　780円 G 78-1
- 逆境に打ち克つ男たち 歴史人物に学ぶ「いま求められる四つの知恵」　童門冬二　ツケを払う世紀であるいま、実例に学び、正念場を乗り切る発想法と行動力を身につける　780円 G 78-2
- この地球《ほし》を受け継ぐ者へ 地球縦断プロジェクト「P2P」全記録　石川直樹　8人の若者が北極から南極まで人力だけで旅をした！　若き冒険者が綴《つづ》る肉体と魂の記録　880円 G 79-1
- 機長の危機管理 何が生死を分けるか　桑野偕紀　前田荘六　塚原利夫　予測を超えた緊急事態発生!!　墜落か生還かの分かれ目は。乗客の命を預かる機長の決断　880円 G 80-1
- 警察が狙撃された日 国松長官狙撃事件の闇　谷川葉　公安・刑事両部の確執、公安秘密組織〈チヨダ〉の実態……。警察の暗部を暴く問題作!!　880円 G 81-1
- *私のウォルマート商法 すべて小さく考えよ　サム・ウォルトン　渥美俊一 監訳　桜井多恵子 監訳　売上高世界第1位の小売業ウォルマート。創業者が説く売る哲学、無敵不敗の商《あきな》いのコツ　940円 G 82-1
- ブッシュの終わりなき世界戦争　浜田和幸　イラク攻撃の真の狙いは何か？　9・11同時多発テロはどす黒い陰謀のプロローグだった　780円 G 83-1
- ソニーの「出井《いでい》」革命　立石泰則　企業を甦《よみがえ》らせるトップのビジョンと変革力!!　ソニー奇跡の再生と企業革命の真髄に迫る！　740円 G 84-1
- ソニーと松下㊤ 企業カルチャーの創造　立石泰則　家電の両雄ソニーと松下の企業風土《カルチャー》を徹底比較。成功と失敗から企業生存の条件を探る!!　800円 G 84-2
- ソニーと松下㊦ 生き残るのはどちらだ！　立石泰則　「躍進するソニー」と「低迷する松下」の差はなにか。このままでは松下は十年もたない!?　800円 G 84-3

*印は書き下ろし・オリジナル作品

表示価格はすべて本体価格（税別）です。本体価格は変更することがあります

講談社+α文庫 Ⓖビジネス・ノンフィクション

セブン-イレブン 創業の奇蹟
緒方知行
創業三〇年で小売業日本一! 成功の秘密はどこにあったのか、その原点を解き明かす!!
740円 G 97-1

世界にひとつしかない「黄金の人生設計」
橘 玲+海外投資を楽しむ会 編著
子どもがいたら家を買ってはいけない!? お金の大疑問を解明し、人生大逆転をもたらす!
800円 G 98-1

「黄金の羽根」を手に入れる自由と奴隷の人生設計
橘 玲+海外投資を楽しむ会 編著
「借金」から億万長者へとつづく黄金の道が見えてくる!? 必読ベストセラー文庫第二弾
781円 G 98-2

楽天思考 口ぐせで夢がかなう 脳の想像力が人生をつくる
佐藤富雄
がんばらなくてもうまくいく! 考え方のくせを変えると成功するしくみを科学的に解明
640円 G 99-1

***アサヒビール大逆転 男たちの決断**
大下英治
弱小企業を業界No.1に甦《よみがえ》らせた男たちの思考と行動。チャレンジが困難をチャンスに変える
880円 G 100-1

京都に蠢《うごめ》く懲りない面々 淫靡《いんび》な実力者たち
湯浅俊彦 一ノ宮美成 グループ・K21
会津小鉄、佐川急便、三和銀行、京都市、阿含宗、裏千家……。京都の暗部を暴く衝撃作
780円 G 101-1

関西に蠢《うごめ》く懲りない面々 暴力とカネの地下水脈
一ノ宮美成 グループ・K21
武井保雄・武富士会長、宅見勝・山口組若頭、許永中、末野謙一……。黒幕たちが続々登場
780円 G 101-2

大阪に蠢《うごめ》く懲りない面々 水面下の黒い攻防
一ノ宮美成 グループ・K21
最後の大物フィクサーで食肉王・浅田満、地下経済のドン・許永中……。闇の勢力の実態!!
781円 G 101-3

40歳からの人を動かす「表現力」
中島孝志
周りの力を活かす人の表現術とは? ビジネスマン必読のベストセラーを待望の文庫化!
640円 G 102-1

***図解でカンタン! 日本経済100のキーワード**
川北隆雄
日本経済の未来は繁栄か破綻か!? 新聞記者だから入手できる資料を駆使して読み解く!
743円 G 103-1

*印は書き下ろし・オリジナル作品

表示価格はすべて本体価格(税別)です。本体価格は変更することがあります